これは勇気の切断だ

もこう

はじめに どうも、もこうと申します。

どうも、もこうと申します。

本を手に取ってくださりありがとうございます。

いつぞやのニコ生で、「YouTuberの本なんて誰が読むねん！」って豪語してた僕がまさかその一年後くらいに本を出しているなんて夢にも思わなかったです。

この本ってなんやねんと思われた方に先に説明しておきます。

自己啓発とかビジネス本の類ではありません。

自分のこれまでの人生を振り返るだけの、いわゆる自伝です。

それもネットでの活動というよりはリアルの出来事を多く綴ってます。

「YouTuberもこうの生き様！」って感じやなくて、どっちかというと「馬場豊の昔話」みたいな本です。馬場豊というのは僕の本名です。

なので、しょうもないことやっとったんやなあっていうふうに軽い気持ちで読んでほしいです。

そうすれば面白く読めると思います。

それと過去にブログで書いたエピソードなんかをちょいちょい載っけてます。

すでに読んだことあるわって思った方も、改めてこの本でもう一度読んでみて下さい。

きっと見え方が変わっているはずです笑

目次

はじめに……002
バイト先の皆で行くボウリングに俺だけ誘われなかった話……009
中学でヤンキーと一緒に授業サボったら俺だけ怒られた話……091
中学のテニス部で先輩に見放された話……097
中学のときに病気にかかり不登校になった話……103
ネット掲示板を居場所にしてたらそこでもコテンパンにされた話……111
中学のときに校長室で一人卒業式した話……121
通信制高校に入ってリアルが充実し始めた話……127
高校終わるころにはまた友達0人に戻ってた話……131
定期券を買ってきた父親にブチギレた話……135
大学受験に落ちまくった話……139
大学で初めてできた友達に、別の友達ができて嫉妬した話……145
新しくできた友達と初めて東京に行った話……149

初めてゲーム実況動画をあげてみたときの話……153
そしてまたネットに俺の居場所ができた話……157
ゼミのメンバーが俺以外全員野球部やった話……161
バイトの面接に落ちまくって笑えなくなった話……165
ようやく受かったバイト先でハブられた話……171
スーパーのバイトでモテた話……179
面接のときについた嘘を後悔した話……185
初めてちゃんとバイトを辞めた話……189
就職活動に落ちまくってた話……195
開き直ってハッタリかましまくってたら内定出た話……199
俺の新卒初っ端の話……203
十か月で仕事を辞めたときの話……211
転職エージェントにドン引きしたときの話……215
転職先のぶっ飛んだ上司の話……219
仕事をまた辞めて、動画配信専業になった話……223
おわりに……230

撮　影　佐野 学（スターツ出版株式会社）
ヘア&メイク　SHUTARO（VITAMINS）
マネジメント　河村政寿（株式会社ライバー）
題　字　もこう
装　幀　長﨑 綾（next door design）

これは勇気の切断だ

バイト先の皆で行く
ボウリングに
俺だけ誘われなかった話

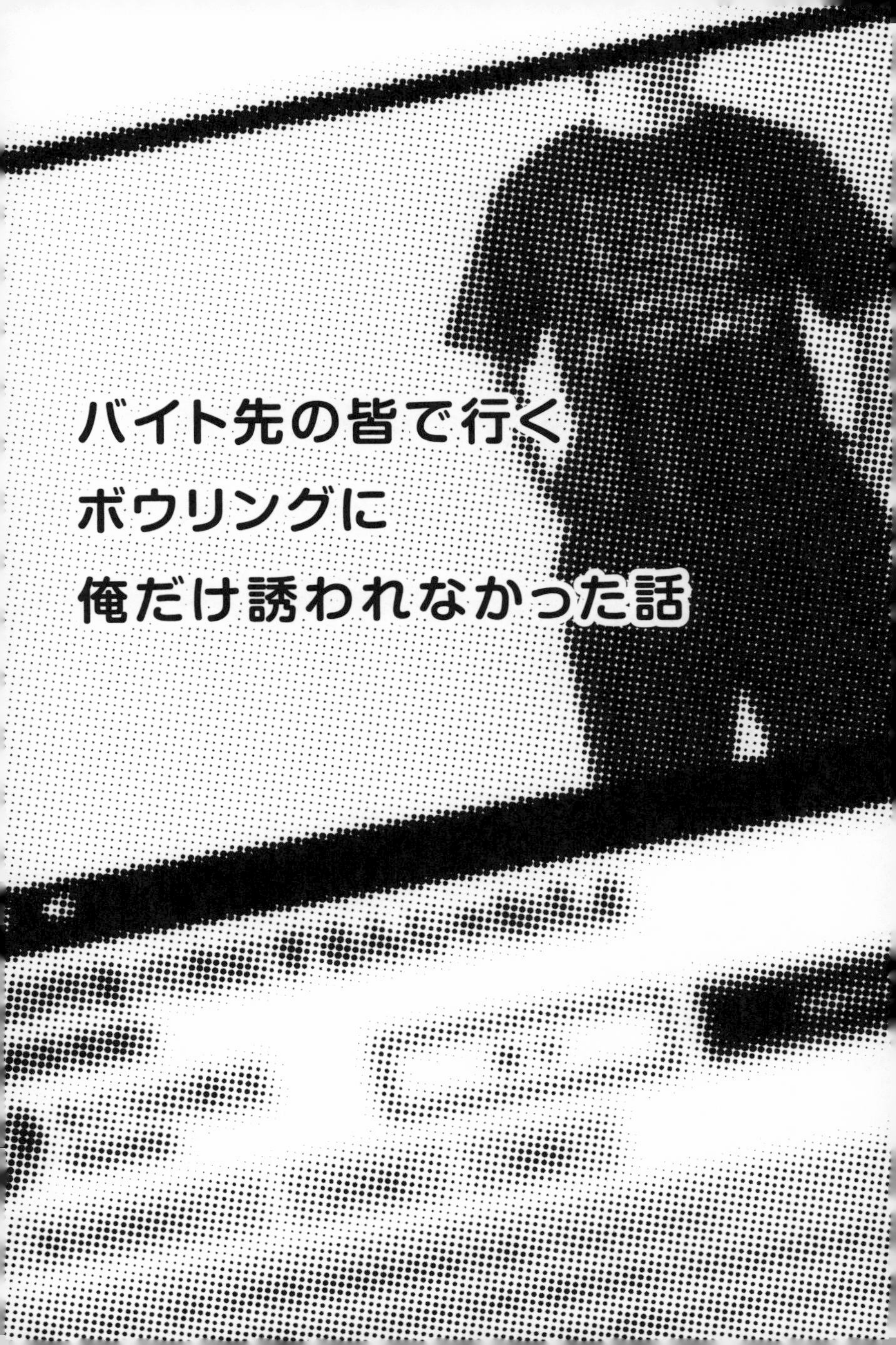

まずは
このブログを読んでくれ！

今でも覚えてる。二〇十一年の話や。

これはもこうの黒歴史であり、もこうを象徴するエピソードやと思う。

そして実は当時の俺は自分の全てを吐き出すように、このエピソードをブログに書いていて、それがなんと今も残っていた。

今から改めてこの話を振り返ることも出来るんやけど、当時の熱量と、ライブ感が伝わった方がいいと思って、このエピソードに関してはブログをそのまま引用して基本的には原文をほぼ変えずに掲載してもらってる。

まずはこのブログをこの本の表題作として、自己紹介代わりに読んでほしい。

そして、その後、時系列を追って、今現在から振り返って俺自身について伝えていければ嬉しい。

まずはこのブログを読んでくれ！

もこうのブログ
2011年2月7日

副店長相手にマジ泣きして話聞いてもらって一緒にボウリング途中参加させてもらっておまけにボウリング代出してもらった奴って俺以外にいるの？

もこうのブログ
2011年2月8日

忘れないうちに書いておく。


何度もブログに書いてる通り、俺は去年12月から某飲食店でバイトをしている。

昨日、19時から23時すぎまでバイトがあった。

雑用やバックヤードの仕事などをいつも通りこなし、ラストオーダー終わってからは店閉め作業。その時間になると大体の奴は上がっていて、その日最後まで残って作業していたのは俺と社員1人にバイト3人、それと事務室には店長、料理長（副店長）がいた。

店閉めもようやく終わろうという頃、キッチンのバイト（以下A君。明るい性格で盛り上げ役が出来る。だが俺のことをたぶん嫌っている。結構長くこのバイトやってる。）とおなじくキッチンの社員さんがこんな会話をし始めた。

A君「いやーーー、今日のボウリング楽しみっすねえｗｗｗ」
社員さん「そうやなあ！　あ、なんか賭けるか？　ｗｗ」
A君「えー、それはちょっと考えさせて下さいｗｗそれにしても楽しみっすね、なんか士気上がってきましたわ。さてはよ鍋洗っちゃお」
普通なら「(へー。この二人仕事終わったらボウリング行くんや。そうなんやふーん)」で終わることだが、この会話は実は俺を挟んで行われた。
つまりA君がわざと俺に聞こえるようにあんな話をし始めた可能性大。

元々A君には嫌われている気がしていた。初対面の時からなんか印象が悪く、この前、破棄する予定だったプリンを俺が裏でこっそり独り占めしてるのをA君に見られた。あれで完全に嫌われたのだろう。

世の中自分と波長が合う人ばかりじゃない。

誰だって人に嫌われることはあるし、嫌いになったりする。これも社会勉強の一つだと思って割り切ることにしていた。

二人の会話をモロに聞かされた俺は、気分を害されながらも作業を続ける。

同じホールの女の先輩（以下Bさん。かなり人が良い。聞くところによると2年以上今のバイトやってるらしい。）とたわいもない会話をしながら着々と仕事を終わらせていった。

ここまではわりといつも通り。むしろ普段あまり会話をしない俺が誰かとおしゃべりをしながら作業するなんて、今日は笑顔で帰宅できそうだ。

しかし、その幻想は瞬く間にぶち壊されることとなる。

全ての作業を終え、最後外にゴミ出しに行こうと思ったその時だった。

なんと今日シフトの入ってないはずのメンバーが続々と揃っていた。

俺「!?」

疲れたから今日はこの辺で。続きは明日に。

なんか書いてて自分でもネタとしか思えなくなってきた^p^

もこうのブログ
2011年2月8日の2

前記事からの続き

なんと今日シフトの入ってないはずのメンバーが続々と揃っていた。

俺「!?」

一瞬頭の中が混乱した俺だったが、キッチンの二人の会話を思い出すと同時に悟った。

「こいつら皆でボウリング行くのか・・・」

その数ざっと10人。もちろんこれはクルー全員ではないが。

ただその時の俺は完全に恐縮しちゃって、誰とも目を合わさずそそくさとゴミを出し、更衣室へ行き、着替え、撤収する準備を整えた。たぶん2分もかかってない。

だけど帰る前には必ず店長や副店長に挨拶をするのが決まりなので、一度事務室に戻らなければならなかった。

当然ながらボウリングメンバーはまだいる。

俺が通りかかると、バイトの3人くらいが「おつかれー」と声をかけてくれたが、嬉しかった反面自分がみじめに思えてきて、目を合わせずに返事だけして速攻で事務室に入った。

俺「あ、お疲れ様です、アップします。」

店長・副店長「おつかれさまです～」

その時、丁度今日店閉め番だったあのキッチン二人も支度を終えたようで、ボウリング参加メンバーが完全集合。

A君が何やら電話をしている。どうやら車の運転係に連絡を取っていたらしく、もう出発出来る態勢が整ったそうだ。

A君「じゃあ、そろそろいきますぅ〜？ｗｗ」
メンバー「ああ、もう車ええん？　じゃあいこかー」「あ、はーい、いこいこー」
「店長、副店長お疲れさまでーす。もこう君もおつかれー＾＾」

俺「　　　　　　　　」

いや、別にボウリングに行きたかった訳じゃない。
俺は新人だし、誘われるとも思ってない。
だけど、その場に仕事を終えた俺がいて、帰る準備も万端だったのは皆わかっていたはず。

Bさん辺り俺に「もこう君もくるー?」くらい声をかけてくれてもいいんじゃないか・・・・・・・・・・?

なんで誰も俺を誘わない・・・?

その場できょとんとしているこの俺に声をかけてすらくれない・・・?


そう思うと、情けないことに涙が出てきた。

でもこれは矛盾なのだ。


俺はバイト先での人間関係は割り切る気でいた。

バイトは所詮バイト、金さえ稼げればそれで用はない。めんどうくさい人づきあいなど御免。

だから話しかけられたり、仕事を教えてもらう時も短い返答で済まし極力会話をしないようにしていた。そもそも親しい人と以外会話をするのが苦手だ。
だから俺なんて誘われなくて当然。当たり前。
そう予防線を張っていたのに。なのに、この涙は何？
なんという矛盾。
結局割り切れてない。
俺は弱い人間だ・・・。

「遊びに誘われるほどの人間じゃない」という現実を突き付けられた辛さ、自分の弱さ、二重の感情が融合し、涙腺からこみ上げるものをいっそう押し上げた。

家に帰らず、休憩室でデザートのレシピをメモるふりをして、泣いていた俺を見た料理長（前の副店長が転勤したので、今実質的な副店長はこの人。以下副店長と呼ぶ）が声をかけてきた。

副店長「おぅ、どないしたんやーｗめもんのもいいけどもう帰ってもええんやぞー」

俺「・・・いや、あの・・・メモります・・」

その時顔をのぞかれた。
別に泣いてるの隠すつもりもなかったが、なんか言われそうと思った。
だが、俺が泣いているということを察した副店長は急に声のトーンが変わる。

副店長「おーん？　どうしたんや？　なんかあったんか？」

俺「いっや・・・なんも。。。ないっすけど・・・ええ・・・なんも・・・ないっす・・・ズズズズズズズズルルッ」

副店長「おいおい、なんやもこう君。おうおうおう、とりあえずこれでふきーや。（トイレットペーパーを差し出す）」

俺「すわっせん・・・あっ・・・ジュッジュッジュ　ズズズッー!」
副店長「なんや、皆ボウリング行ったで、いかんのか?」

俺はこの問いかけを捌け口に、一気に泣き崩れた。

俺「っ!!　いっや、あの。。。俺誘われてないっすっ・・・・・!!　誘われてないんで、行く訳ないんで・・・っ!!」

続き筆記中

眠くなって寝落ちしそうなので続きは明日に

もこうのブログ
2011年2月9日

前記事からの続き

副店長「なんや、皆ボウリング行ったで、いかんのか?」

俺はこの問いかけを捌け口に、一気に泣き崩れた。

俺「っ!! いっや、あの。。。俺誘われてないっすっ・・・・・!! 誘われてないんで、行く訳ないんで・・・っ!!」

副店長「あー、・・・そうやったんかいな」

俺「いやっ・・・ちがっ・・・別にっあの、ボウリングいきたいとか、そんなんじゃ、、ズズッ!ビックビック なっ、ないんスけど。。。いや、違うんっす、なんかっ・・

いやっ、なんか寂しいな、みたいな・・・ええ・・はい・・・ズズズッ　チーン」
副店長「・・・・・」
俺「っすんまっせん・・・・いや、まじで、汚いっすよね・・・ズズズズッ　何泣いてんねん自分って感じっすよね・・・これ・・・あぁーーー　ズズズーーーッ!!ッチーーン」
副店長「いやいやいや、そんなん泣くことあらへんやんか」
俺「ズズズズーーーッ　はっ・・・あの・・・・いや、、もうええんで、、、これさっさとメモって。。。帰るんで・・・ぼくっ・・・・!　ジュッジュッジュ　・・・・　【ビエエエエエーーー!!」
副店長「!?　・・・い、いやな、そらな、わからんでもないで。そら人づきあいって皆難しいもんや最初は。でも君、まだ1ヶ月とか2ヶ月とかとちゃうの?俺もこの仕事長ーやっとって、バイトの人間何人も見てきてるけどやな、そんなん、いきなりは皆誘われたりせーへんて。」
俺「・・・ズズズッッ」

その時は副店長の言葉に少し安心した。
でも、新人だろうと何だろうと、誘われる奴は普通に誘われるものじゃないか？
そう考えると、凄く気を遣ってくれた発言だったんだなと今となっては思う。

副店長「うーん、やっぱり、みんな半年とかさ、もっと経ってから皆と打ち解けていく子が多いで。そら中にはずっと喋らん子とかもおるし、その逆のタイプの子だっておるし。もこう君も徐々に仲良ーなっていったらええんちゃうの？　まぁ、俺も実際、あんま人とコミュニケーション取るの得意とちゃうねん」

俺「ぅうっ、・・・っそうなんですか・・？　ズズッ」

副店長「んああ、そうやで？　昔っからな、あんまそういうの得意とちゃう。やけどさ、こういう仕事やから、そらまぁ人とうまくやっていかんと話にならんし、自分と合わん人とだって時には無理やりつき合わなあかんこともあるやん。特に、君らみたいな若い子相手なんかやと、世代がちゃうやん？　やから、何喋ってええんかわからんくてよう苦労するわｗ」

正直なところ、副店長の第一印象は、「典型的チンピラ」だった。

ガラが悪そうで、目つきも鋭く、目が合うとまるで自分が睨みつけられているかのような。かなり失礼なことを言うが、きっと学生の頃はやんちゃばかりしてた人なんだろうなと。

それだけに、「俺もコミュニケーションは苦手」という意外な発言は心底驚いた。

俺「あ、っあの、、、いや。。。ほんと、もう、大丈夫なんで・・・！　ズ゛ルッ・・・なんか、、ちょっと気が楽になりましたわ・・・すんませんでした今日はほんまに。いや、ほんまになっさけないっすわ自分。。もうほんま、大丈夫なんで・・・。これ（喫茶レシピ）戻してきますわ。。。お疲れさまっした・・・！。。」

ああ、本当に情けないな自分。

たかだかボウリングに誘われないくらいで泣いてんだもんな。

お前ここに何しに来てるんだよ。バイトだろ。金稼ぎだろ。仕事終わったんならはよ家帰って配信でもしとけよ。何、副店長相手に泣きついてんねん。傍には店長もおるのに。恥ずかしないんか。

こりゃ一生の黒歴史確定。

そうやって頭の中で自分を責め続ける。

それにしても今日はいろいろありすぎた。兎に角早く撤収しよう。あんまり長くいても迷惑になる。

ものの8秒で喫茶レシピを元の場所に戻してきた俺は、改めて店長・副店長に帰りの挨拶をするため事務室に戻ろうとする。

その時副店長が中から出てきた。少し不意をつかれながらも俺は涙を拭い元気よく挨拶する。

俺「お疲れ様です！　アップします」

すると、

副店長「もう準備ええんか？　おっしゃ、俺らも行くかボウリング。」

俺「・・・・・えっ。」

まさかの返事が返ってきた。

副店長「いやな、俺も途中参加することになっとるから、お前もこいや、ボウリング。時間大丈夫やろ？」

俺「っ！　・・・いや、そんな、気遣わんでいいですよ・・・！　つーか今金ないんで・・・ええ、気持ちだけ受け取っときますわ。それに誘われてないし、いっても悪いと思うんで、帰ります。」

副店長「ええてええて、金は出したるからな、(チラッと財布をチラつかせる)ええから来いやもこう君。」

俺「つええ・・・でもっ・・・そんなん・・・」

曖昧模糊とする俺を副店長は強引に外に押し出し、車へと誘導した。

言っておくがマジで今金がない。財布持ってきてない。
大体俺誘われてないんだから絶対歓迎されない、空気読めてない、ありえない。
俺が行くとか本当ありえない。ていうか、副店長も誘われてたのかよ・・・。

何が何やらわからないうちに、いつの間にか車の助手席に座っていた。

副店長「ほないこかー。中ちょっとごちゃごちゃしてるけど適当に除けて座ってくれや。ちょいボウリング場遠いけど辛抱しとれよ。」
俺「いや、マジでいいんですか？　いや悪いですよ。俺行っても別になんもないっすよこれマッジで・・・。」
副店長「だからええって言っとるやんかw大丈夫やってなんとかなるわ。な！」

副店長はそう言うと携帯で誰かに電話し始めた。
会話を聞く限り、先にボウリング場へ到着したメンバーと連絡を取ってるようだ。A君?。ではなさそう。多分キッチンの社員さん。
副店長「おお、今終わったから向かうわ。二人な、二人。いけるやんな? ん? 何? 証明書? え、そんなんいるんか。おい、ちょっともこう君、今証明書かなんかある?」
俺「えっ・・・あ。いや、財布忘れたんで・・・ちょっと何もない・・・っすわぁ・・。」
副店長「おーい、ない言うてるで。あかんの? 大丈夫やろ? え、何? ・・・まぁええわとりあえず今から向かうから。あ、もう先始めとってくれてええで。ほな」
アミューズメントパークでは深夜になると生年月日を証明するものを要求され

る。そういう訳で身分証明書の有無を尋ねてきた訳だ。
でもさっき言った通り、俺財布忘れたぞ。免許は持ってないし学生証も今ない。
何もない。もう諦めた方がいいだろこれは。
やっぱり俺行かない方がいいんだって副店長さんよ・・・。

とかなんとか考えてたら車発進。
もう流れに身を任せるしかない。どうとでもなれ。

車の中では相変わらずさっき号泣していた件を嘆く俺。それをうんうんと相槌打ちながら聞いてくれる副店長。
この頃になると流石に俺も泣き止んで平静を取り戻していた。ただ鼻水は何故か止まらなかったので、汚らしいことに車の中でもチーンチーンとかみまくった。あのトイレットペーパーで。

俺「あの、あんまこういうこと言うのあれなんスけど、さっきのこと忘れて下さい。俺どうかしてました。着いたら普通に振る舞うんでどうかよろしくお願いします。」

副店長「おお、それでええやん。わかっとるて。ただ、皆んとこ行っても下向いとったらあかんぞ。笑顔やで笑顔。」

まるで内気な小学生とその父親みたいな会話だ。

「俺」という人物はこれでも成人なのだから笑える。

やがて車はボウリング場に到着した。一部伏字にするが「○ウン○ワン」である。

二人はエレベーターで受け付けカウンターへ向かい、事情を説明する。

先に来ていたメンバーと合流したいということ、俺に身分証明書がないということ。

ぶっちゃけた話ここで「どうしても必要なんですよ〜〜。どうかお引き取り下さい(;´Д`)」とでも言われる方が良かった。でも副店長の仲介があって、なんと口頭での証明で構わないということになった。

受付の人「え〜、では生年月日をお願いします。あと。西暦も。」
俺「・・・かくかくしかじか」
受付の人「ありがとうございます。今回特別に許可とさせていただきますが、次回からはお気をつけ下さい。」

無事(?)受付をクリアした俺と副店長の二人はまず専用の靴を取りに行き、その後エレベーターでボウリング場へ。

ボウリングは嫌いじゃないが滅多にやらない。

久々にやるって言うんだから楽しみじゃないこともない。

でも、今日のボウリングが楽しいものになるはずがない。もうこの時点でそれはわかっていた。でもせっかく副店長が連れてきてくれてお金まで出してくれるっていうんだ。せめて無理にでも明るく振る舞ってやろうじゃないか。
そう心の中で覚悟を決めた。強く決意した。そのはずだった。

ボウリング場の階にエレベーターが到着し、ドアが開く。その瞬間。

他のアルバイトたち「おーい、料理長きたぞーー。あーほんまやー」
「おそいっすよーーｗ　何やってたんすか？」
「俺たち始めずに待ってたんですよー！ｗｗ　さあはやくやりましょー」
副店長「おお、皆お疲れさん。なんや、始めといてええっていったやないか。」

俺を歓迎する声は無かった。

続きは明日。　地獄のボウリング6ゲーム。
残り2回更新くらいで終わる予定。

もこうのブログ
2011年2月10日

前記事からの続き

ボウリング場で合流するも、
俺を歓迎する声は無かった。

誰一人として俺が来たことに無関心。対照的に、待ってましたと言わんばかりに大歓迎される副店長。

もちろん、エレベーターの中ですでにこうなることはわかっていた。

それを目の当たりにして傷つくことすらもわかっていた。そうだ、これは想定の範囲内。でも、やっぱりこんなん見せられて空元気を振る舞う程もう力は残っていない。。

そもそもこの状況で無理やりテンションを上げられる人間がいるのならば見てみ

たい。

呆然と立ちすくむ俺。だってどこに座っていいのかわからないのだから。

すると、ここでもやはり副店長が手を差し伸べてくれる。

副店長「おおい、お前ここのレーンやわ。同じやな。こっちこい。ここ座れや。」

俯きながら副店長のいるレーンに駆けていった。

レーン上にあるスコアボードを見てみると、ちゃんと俺の名前があった。一応参加はさせてくれるらしい。流石にここまできて俺を除け者にするほど酷いことはしないか。

合流後、参加メンバーは俺たち含め12人。その数を3レーンに分け、4人グループが3つ。

1ゲーム目、俺は、副店長・キッチンの社員さん・同じポジションの先輩、この3人と同グループとなる。

左隣は女の子グループ、右隣はA君率いる男子グループ。それぞれに分かれた所で、いよいよゲーム開始。

場は一気に盛り上がりを見せた。左からはワーワーキャッキャキャッキャと甲高い声が、右からはスポーツ系クラブのかけ声のような歓声が飛び交った。

そんな中、俺グループ先頭バッターであるキッチンの社員さんがいきなりスペアを取る。

副店長「おおおーーい！　いきなりかいお前〜〜〜」

先輩「やりますねえ〜ｗｗ何気合入ってんすかｗｗ」

キッチンの社員さん「うっしゃあーー。幸先ええわこれ！」

社員さんは二人とハイタッチを交わす。

普段ボウリングに行かない俺でもこういうノリくらい知ってる。だから、一応掌をかざし、ハイタッチを受ける態勢だけ取ってみた。

すると意外にも社員さんは俺と目を合わせ、笑顔でハイタッチをしてくれた。


と思ったその時・・・。


社員さんの左手が下がり、何故か右手だけでのハイタッチに・・・。

なんというか、本当はハイタッチぐらいしてやってもいいが、でも両手で思いっきりやることもないか、みたいな。

俺に対してだけ温度差があるというか。とにかく絡み辛かったんだろう。そりゃ当然だ。この人と喋ったことなんか片手で数える程。こっちだってどう絡んでいけばいいのかわからない。でも、それでも俺は手を掲げた。俺だけを置いてけぼりにしていくその場の「空気」に少しでも乗ろうと、無我夢中で掲げた両手だったのに。その両手をあの中途半端なハイタッチがなし崩していった・・・。

いつしか俺に残っていた微量の勇気は完全に消え去り、もう、だんまりを決め込む態勢に入っていた。

1ゲーム目終了。なんだかんだでピン目がけてボールを投げてる時は楽しい。これが、俺一人だけだったらもっと楽しいんだろう。

ちなみにスコアは62点だった。隣の女の子にすら負けていた。

2ゲーム目を開始するにあたって、グループ分けが行われる。

「お別れグー・チョキ・パー」をご存じだろうか。まずグループ内でじゃんけんをする。といっても勝敗を決める訳ではない。

例えば俺グループの場合、俺がチョキ、副店長がパー、社員さんと先輩がグーだとすると、他のグループで同じ手を出した奴らと一緒になる。

あいこだったり、2種類しか出なかった場合はやり直し。

他メンバー「おーいグー組こいｗｗｗ」

「パーこっちねーー」

「チョキはーーあと誰ー？」

俺「あ・・・僕チョキです。」

チョキ組は俺とBさん、それにキッチンのバイト2人。A君はグー組だった。

社員さん「おーし皆集まったな。ああ、そうや、あんなもこう君。賭けすることになったんやけどやるやろ？　グループの倒したピン合計で競って、一番低かったグループが一番高かった所のグループ一人ずつにジュース一本。女の子はハンデで＋30ピンな」

拒否権など俺にあるはずもなかった。しかしたかがジュース一本といえど、一文無しの状態であるがため万が一負けた時のことを考えるとゾっとする。

2ゲーム目スタート。俺はトップバッター。投げる前、ふとスコアボードを見ると何故か俺の登録名が少し弄られていたが、これは好意的に受け取ることにした。前ゲームでボウリングの感覚を思い出したのと、賭けをしているという緊張感から、このゲームは調子がよかった。2投目ではストライクも取った。

だけどハイタッチをしていいのか良くないのか、空気がよくわからず、結局投げた後ぎこちない笑顔を作り着席するのがやっとだった。ストライクを取ったのに、喜びすらしないのはどう考えても印象が悪いだろう。だから無理やりにでも笑顔を作った。そうしていると、Bさんが声をかけてくれた。

Bさん「もこう君、いけるで！　次8本倒せば100点いけるやん！」

彼女はいつ見ても笑顔で、誰とでも楽しそうに話す。本当に人間が出来ている。他のチョキメンバー（キッチンのバイト二人）も同じシフトになった日とか、更衣室でたまたま合った時とか、結構話しかけてくれる人たちなので自分的にはどちらかというと好印象だ。

だけど今日は皆ぎこちない。俺とどう接していいのかわからないのだろう。いつもならバイト終わった後普通に挨拶して普通に帰って・・・。まさか、ボウリングにまで俺が来るとは思ってなかったんだろうな。ということはいつもの接し方は所詮上辺だけのもの？

やっぱり俺来たって迷惑になるだけだわな。。。。

2ゲーム目ラスト投球、俺は6ピン→ガーターで、結局98点止まりだった。それでも他のメンバーが頑張ってくれたので最下位は免れたようだ。

・・・ところで、今日何ゲームやる予定なんだろうか。

昔家族やマンションの子供会で行った時なんかは大抵2ゲームだったし、高校の頃、先輩たちに誘われて行ったのも確か3ゲームでお開きだった。だからボウリングというと2，3ゲームで終わるものだと思っていた。

だが・・・

キッチンの社員さん「料理長、一応ゲーム数減らしてないんで、5じゃなくて6ゲームなんで、お金大丈夫ですかね?」

続きは明日

もこうのブログ
2011年2月11日

前記事からの続き

キッチンの社員さん「料理長、一応ゲーム数減らしてないんで、5じゃなくて6ゲームなんで、お金大丈夫ですかね?」

そういって副店長に投げかける社員さんの発言を聞いた時だろうか、頭がクラッとなったのを覚えている。

6、、6ゲーム!? 嘘だろ、そんなにやってたら明け方まで続くぞ。

今2ゲーム消化したが、、まだ4ゲームも残ってるってことか。

俺今日朝起きるの早かったし、バイト上がりだし疲れてて眠い。ダメだ耐えきれる気がしない。2，3ゲームで終わるんだと思って油断していた・・・。

副店長「ん、了解了解。」

ボウリング代は副店長に全て払ってもらう約束だったのでお金の心配はない。申し訳なさとありがたさが募る一方、「6ゲーム」と聞いた時の一時的なショックで頭がそればかりになり、この時は会釈すら出来なかった。

残り4回・・・。Bさんを始めとする今のグループのメンバーたちとは比較的やりやすい。そんな大盛り上がりする程のテンションではないし、実力的にも、最下位になる程弱くない。

せめて今のグループのまま残り4ゲームを続行したい・・・。

だがしかし、無情にもあの「お別れグーチョキパー」を強いられることとなった。

Bさん「ぐーちょきぱーで分かれましょ！　ポン」

俺グー、Bさんチョキ、キッチンバイトの二人はチョキとパー。

見事に別れた。


結果は。。。

同じグー組は皆女の子だった。これは最悪だ。もう開始前から蚊帳の外確定。

イケメンリア充ならうまく女の子たちを立てて盛り上げられるんだろうが俺にそんな芸当は不可能。

がっくり肩を落としているとA君がなんか言ってきた。

A君「うわーー、もこうさんハーレムじゃないっすかーーー！羨ましいわーーｗｗ」
俺「・・・うっさいな黙っとけ。やったら俺と代わるか？　その方がお前も嬉しいんちゃうんか、一反木綿みたいな顔しやがってｗｗｗ」

・・・なんて言える訳もなく、「ははは・・・」と苦笑いするしかなかった。

3ゲーム目開始。同グループの女の子たちは案の定、俺そっちのけで3人で会話してる。

俺が投げる時はかろうじて見てくれてるようだったが、中途半端にコメントするぐらいならいっそ完全スルーしていただきたい。なんだよ「もう少しで80点ですねー」って。恥ずかしいわ。

大して盛り上がらないままこのゲームも終了。スコアは覚えてないが100点切ってた。しかしグループの女の子一人が、ハンデ込みで200点をたたき出すなどの活躍で総合点はトップだった。もちろん賭けをしているので、最下位グループからジュース代を徴収。俺は自販機に買いに行かず、貰った150円をポケットにしまい座り続けた。

さて、さっきはあれだけ嫌だったお別れグーチョキパー、今となっては「待望の」お別れグーチョキパーである。

結果

俺と女の子一人（200点取った子）がさっきと同じグー組でレーンの移動無し。

抜けた女の子二人の代わりに、バイトで同じポジションの先輩（1ゲーム目の先輩とは違う人。2月いっぱいで辞めるとのこと。わりと丁寧に仕事を教えてくれる。）と、副店長が入って来た。これは中々の良メンバー。

移動を済ませるやいなや副店長が話しかけてくる。

副店長「おお、どうや、楽しいかボウリング。ちゃんと声出しとるか。」

俺「いやぁ。。。そうっすね・・！　やっぱこれ（ボウリング）楽しいっすね。なんだかんだ来てよかったっすわ。（9割嘘）」

副店長「やろお？　まぁまだまだあるからこういう時は楽しんどけよ。もったいないからな。」

思ってもいないことをぬかす自分に嫌気がさす。自己嫌悪だ・・・。

4ゲーム目も前回、前々回同様に賭け有でスタート。

先頭バッターはまたしても俺。初投、ボールの穴に指がひっかかり、前に投げると言うより上に持ち投げるような形になってしまい、レーンにボールがズドンと落ちる。豪快なガーターをかました。

これにグループの皆はウケたようで、少しだけ場が沸いた。

でも相変わらず俺にだけハイタッチがない、もしくは片手だけや構えだけだったりの微妙な空気はなくならない。

1ゲーム目に目視した「両手からの片手ハイタッチ」は先輩からも繰り出された。

俺はこの頃辺りから、俺がボウリング場に到着する前、ここがどういう空気だったのかを悟り始めた。憶測ではあるが。

恐らく、A君が俺に対する不平不満をぶち上げまくっていたのだろう。

タイミング的には、電話で副店長と「俺」が後からくるという連絡を受け取った時だ。


「なんであいつまで来るんだよｗｗｗ呼んでねーだろｗｗｗなー皆?」

「大体あいつ仕事ろくにできないし一緒にやっててやりにくいんだよな。プリンも独り占めしやがるし。そーっすよねー社員さん? あーさっさと辞めねーかなあれ」


こんな風に・・・・!

そしてそれを聞いた他メンバーは、俺に対して別段悪い印象がないにしろ、A君がそこまで言うとは・・・ってな感じで、俺と距離を取らなきゃいけないみたいな雰囲気が出来上がった。

だからエレベーターから出て皆と合流しても誰一人声をかけてくれなかったし、ハイタッチだって、あんな意味わからん片手タッチみたいになっちゃっている。

念を押して記すがこれはあくまで俺の憶測である。

・・・・・・ただの被害妄想であってほしいが、A君が俺を嫌っているのは確実な訳だし、どちらかといえば予想が的中している可能性の方が高い。

しかしそんなことを考えていても何にもならない。だから今はとにかく我慢。ただ椅子に座っていればいい。そして順番が回ってきたらボールほうってピンを倒す。投げ終わったらまた座る。その作業を繰り返せばいい。

そうしてたらほら、4ゲーム目も終わったぞ。なんだ余裕じゃないか。後半戦折り返しだ。

副店長と別れるのは心細いが、もう残り2ゲームだ。余力を出し切ってゴールまでつっぱしろう。

・・・ってあれ、そういえば賭けはどうなった。最下位どこだっけ？

先輩「あー最悪やー　くそー　なんか今日調子悪いわ。おい、トップどこ？　はいこれ、ジュース代」

と他グループメンバーとやりとりする先輩。

おいおい最下位うちかよ！　どうしようどうしよう、金ないって俺、これまた副店長に頼るしk・・・

副店長「ほい、二人分」

・・・副店長・・・！　なんという神がかり的なフォロー。また救われてしまった。もう俺はこの人に足を向けて寝れないな。

よしこうなったら、お別れグーチョキパーでも賭けでもなんでもやってやろうじゃねえか。

3度目のお別れグーチョキパーが行われた。俺はパー組となる。

・・・この時、A君という天敵の存在が頭から完全に抜けていた俺に、その光景はあまりにショッキングだった。

A君「パー組あつまれーーーーー！　wwwwww」

次回は土曜日

長々しくなってしまい申し訳ありません。今度こそあと2回の更新で終わらせるので最後までお付き合い下さい。

もこうのブログ
2011年2月13日

今日久々にバイトのシフト入ってるので帰ってきてから一気に続き書こうかと思います。

もこうのブログ
2011年2月14日

前回の続き

5ゲーム目のグループ決め。お別れグーチョキパーでパー組となった俺の目に飛び込んだ光景はあまりにショッキングだった。

A君「パー組あつまれーーーー！　ｗｗｗｗｗ」

・・・・・!??　これってどういうことだ・・・？　ちょっと待て頭の中を整理しよう。

俺がパー組で、、で、、、パー組の集合かけてるのがA君で・・・。

ってことは・・・A君もパー組⁉

4ゲーム目終了時まで、一度もA君と同グループになっていなかった。確率的にはそろそろ来なきゃむしろおかしいぐらいだ。

だが俺はこのパターンを完全に失念していた・・・。頭の片隅にも入っていなかった。見事に不意を突かれた。

そのため少しの間身動きが取れなくなり、他のメンバーよりも集まるのが遅れてしまった。

やっとこさ重い腰を上げパー組レーンへ向かう。すでに集まった3人が「あと一人誰だよーw」と会話しているのを耳にした俺は咄嗟に口が開く。

俺「あっ・・・あっあっあっ、あっのーー・・・自分もパーだったんすけど・・・ここでいいんですか・・・ねえ・・・・?」

一同静まり返る。

なんで？　迎え入れられないのはまだわかるが、なんで皆無言になるの？ってあれだけキョドってしまったら当然か・・・。

この沈黙を破ったのはやはりA君だった。

A君「・・・・・ああーーー、もこうさんだったんすかーーーー！　いやーーおしいっすね、Bさん辺りほしかったんですけどｗｗ」

初っ端から嫌味全開のA。これはもう間違いなく、誰がどう聞いても嫌味だ。仮に本人がそのつもりで言ってないのなら、その無神経さに感服する。

他のパー組二人（ホールの先輩とキッチンの女の子）は笑ってごまかしていた。

頭の毛穴がブワッと開くような感覚が襲いかかる。「頭にくる」とはまさにあのことなのだろう。一度はだんまりを決め込んだ俺だが、今回ばかりはそうもしてられない。流石に腹が立った。何か、なんでもいいから仕返しがしたい。そういう衝動に駆られた。

今まで作り笑顔だった自分の顔を無表情へと転換する。

憤りはあるが、賭けをしている以上チームは勝たなければならない。だがそれでもA君へ何かしらの報復がしたい。

その両方に合致した行動をふと思いつく。

緊迫した空気の中、スタートした第5ゲーム目。

またしても1番目の俺は冷静に一投目を投じた。

すると、

「ズッゴーーーーーン!!」

開幕先頭打者ストライクである。正直狙ってはいなかった。完全なまぐれだ。

実はこのストライクこそ、さっき思いついた「報復行為」の足がかりとなる。

その機会が来るのが予想以上に早かったため少しとまどるが、このチャンス、下手したらもう二度とないかもしれないと思うと行動に出ざるを得なかった。


ストライクを取ったのだから当然メンバーは盛り上がる。A君も空気ぐらい読めるようで、「形だけの」ハイタッチをしようと駆け寄って来た。

ここだ。


俺がA君の両手を目がけて歩み寄る、A君は嫌そうに手を引く。

だがその逃げる両手を追いかけんばかりに・・・・

「バッチーーーーーン!!」

思いっきりハイタッチをかましてやった。

きれいに決まった俺の超大袈裟ハイタッチは、きっと他のレーンのメンバーにまで聞こえる程大きな音を立てていたはずだ。

その後の周りの反応が怖くて一目散に席へ戻ろうとしたが、呆然とするA君の姿が目に入ると、少し余韻に浸ってしまった。

無事着席する俺に、はっと息を吹き返したA君が囃し立てる。

A君「・・・っちょーーーもう、そんなことしたらあかんてーーｗｗｗ俺キッチンやでーーｗｗ手命やでーーーｗｗｗ」

正直なところ、俺もやりすぎたと思ってる。いくらむこうがネチリネチリ言ってくるからといって、一時的な感情に任せたあの行動は大人げないと言えよう。でも反省する気はさらさらない。

これで間違いなく、俺がA君に敵意を持っているということがA君自身にも伝わっただろう。


何事も無かったかのようにプレイが再開され、パー組レーンは着実に点数を稼いでいく。

それに加え、俺を除くメンバー同士の雑談も再び盛り上がってきた。

楽しそうに話すA君、しかし彼の喋りにはどこか俺を意識しているようなものが感じられる。


「いやあーこの前クルーリーダーに入って来た○○さんめっちゃ面白いっすよねー。仕事もやりやすいし。あの人も今日ボウリング来てほしかったなーーーーー」

「女の子のハンデ30点はやりすぎ？　いやいやそれぐらいしたらんと可哀そうっしょーー。男は3ケタ取って当たり前ですからねえｗｗ」

ここまで全ゲーム100点に届いたことがない俺の傍でこんな話するんだからな。

さらにA君の態度はどんどんエスカレートしていき、ストライク取っても二人とだけハイタッチして俺を完全スルー。それどころか他レーンの奴らともハイタッチを交わす始末。

もちろん俺がストライクやスペアを取った時は無視。というかもはや投球シーンを見てすらいない。

とにかく露骨。露骨。露骨。

まぁ、無視されるならそれはそれで楽だ。もうずっとそうやっててくれ。

さっさと全部投げ終わってしまおう。と、5ゲーム目ラスト投球の番がまわってきたその時、急に照明が落ちる。何事かと思ったが、すぐに照明が落ちた理由がわかった。あれだ。

〇〇ンドワンのボウリングには「ムーンライトストライクゲーム」というコーナーがある。

ボウリング場の照明が落ちた時、順番が回って来た投者を対象とし、もしその投者が「ストライク」を取ると記念撮影をしてくれたりなんかもらえたりする。

そのムーンライトストライクゲームの投者に俺がたまたま選ばれてしまったというわけだ。

ああこりゃまた面倒なことが・・・。

後ろでA君たちが何やら言ってる。どうせ「なんでよりによってあいつが～」とか「俺がやりてえのに」とかその辺だろう。

ここで再び思い切ってA君に歩み寄って見る。

俺「あの、代わったろうか？」

A君「は？　別にええよ。はよ投げーや。」

実にさばさばした返答だった。今日のA君のテンションからは考えられない。

ムーンライトの投者を代わってほしかったのは本音だったのだが、断られたら仕方がない。

ここは軽くストライクを取りA君をさらに苛立たせてやるか。

普段ストライクなんて狙わずに、出来るだけ多く倒すことだけを考えて投げる俺だがこの時ばかりは狙ってみた。

「ビュッ　　ビューン‼」

しかし、現実は甘くなかった。

「ガコッ！」

ここ一番でまさかのガーター。

ストライクを取っても大して盛り上がらない俺がよりにもよって一番最悪の結果を出してしまった。盛り上がらないどころの話じゃない、これはドン引きされるレベルだ。

でも待て、ムーンライトストライクゲームの投者は俺一人じゃない、各レーンに一人ずついる。自分だけに注目がいかないようお前らも失敗しろ！　ミスれ！

ガーターだ!!

ズッゴーーーン

隣レーンのキッチン社員さんがストライクを決めた。

一度俺に集まっていた注目がたちまち社員さんの方へ傾き、皆社員さんの所に駆け寄って大盛り上がりした。プロ野球の優勝決定シーンかと思った。

結果的に俺の糞ガーターは皆の前で晒しあげられずに済んだが、虚無感と人の失敗を願ってしまった罪悪感がこみ上げてきて、もうその場から消えてしまいたくなった。

いろいろありすぎた5ゲーム目も終了。賭けの結果は、パー組は2位だったので関係無し。俺個人ではかなり健闘したのだが。（本日自己ベストの121点を記録）

最後のお別れグーチョキパーが行われる。とにかく早く帰りたいという気持ちが強くて、じゃんけんもグループ移動も何もかもが億劫だ。

しかし忘れてはならない。
俺が今ここにいるのはなぜなのか。
皆に仲間外れにされて泣いてたからだろう。
こうやって皆とボウリングをプレイ出来るのは誰のおかげなのか。

副店長だ。わざわざ車で連れてきてくれて、お金も全部出してもらうんだろう。最後ぐらいさ、楽しく振る舞おうぜ。作り笑いでもいい、本当は楽しくなくてもいい、でも、副店長にはつまんなそうな表情を見せちゃダメだ。あの時の約束思い出せ。笑顔だ笑顔！　わかったな、俺。

と、自分に言い聞かせた。

さあこい、次を耐えきれば全部終わりだ。開放される、家帰って寝れる。A君とも別々になれるしそう考えると楽だろう。本当に長かった。ここまでよく頑張った。そして副店長ありがとう。本当にありがとう。来て後悔してないといえば嘘になるけれども、あなたへ募る感謝の念は本物です。

A君が高々とかけ声を上げる。

A君「いきますよー。グーチョキパーで、別れましょ！ｗｗｗｗ」

ホールの先輩「グー」
キッチンの女の子「チョキ」
俺「パー」
A君「パー」

\(^p^)/

もこうのブログ　2011年2月17日

前回の続き

――――――――――


――どうして、こんなことになっちゃったんだろう。

楽しい楽しいボウリングのはずなのに、どうしてこんなにも苦痛なんだ？


俺はこんな現実を望まなかった。だから、これは失敗だ。

だったらどこで道を間違えた？

面接の時？　初出勤の時？　バイト始めてから1週間？　2週間？　1ヶ月経ってから？　それとも今日、ほんの数時間前か？

もしかすると、平行世界のもう一人の自分の中に、今皆と打ち解けて楽しくボウリングをしている自分がいるかもしれない。ちゃんと誘いを受けて・・・。何故そのルートを引くことが出来なかった。なんでこの道に進んでしまった。運が悪かったのか・・・。・・・本当にそうか？

いや、どう考えてもこれは必然だ。

面接の時、店長にその場で採用されるようなインパクトを与えられれば今もっと期待されて、はなっから周りからの印象が違ったかもしれない。
（現実には、採用されるまで1週間以上かかった）

それが出来ずとも初出勤の時、元気よく声が出せて、きちんと言われたこと覚えて、ハキハキ受け答え出来ていれば、周りから「あの子は明るくて出来る子」っていう第一印象を与えられたかもしれない。

第一印象、か・・・。

人間関係において、第一印象ほど重要なことってあるだろうか。

学校にしたって、会社にしたってそう。俺にはよくわからないけど、恋愛とかもきっとそうなんだろう。

第一印象で「出来る奴」だと判断されれば、良いことをすればするほど「ああ、やっぱり出来る人なんだな」と思われ、例え1度や2度の失敗をしたくらいじゃその人に対する評価は落ちない。「人間だからそりゃ失敗くらいする」程度で済まされる。実際そうなんだけれども。

第一印象で「ダメな奴、弱い奴」と見られた場合はその全く逆だ。

良いことしても「たまたま」、ダメなことすりゃ「ああやっぱりな」。

とにかく下に見られる。上から見下すように、高圧的な態度を取られるから、「ダメな奴イメージ」を払拭する力がない奴は、それでどんどん弱気になっていって自信喪失してしまう。なんというか、〝淘汰〟だな・・・。

俺のバイト先での第一印象は、まさに後者の「ダメな奴イメージ」だったのだろう。

もちろん、1週間、2週間、1ヶ月と地道にイメージを向上させていくことだって人によっては可能かもしれない。だが俺にその力は無かった。だから2ヶ月経った今も「ダメな奴、つまらない奴、弱い奴」というレッテルは残ったまま。遊びに誘われすらせず、来たら来たでA君のような明るく、仕事の出来る優等生タイプの人間に見下され、いじめられる。

・・・つまりそういうことか。俺が今日こうなることは、初出勤の頃から・・・いや面接の時点で決定していたんだ。予定調和なんだ・・・。

考えてみれば今のバイト先だけじゃない。昔っからそうだ、俺はどこいっても第一印象で躓いていた。元気がない、覇気がない、オーラがない、暗い、おとなしい・・・。

人間関係がうまくいっている時も、ただ「嫌われたくないから」の一心でひたすら無難な行動ばかりとって、それがたまたま成功していただけだ。

俺は。。。根っからのダメダメ野郎だ・・・。
それがこのバイト先では如実に現れてしまった。
糞・・、なんで、なんで、なんで、俺は・・・

「・・・・・~君、・・・・・・・・こう君・・・・・・・・・・・・こう君」

ああ・・・強くなりたい、今の弱い自分を変えたい

「・・・・・こう君、・・・・・・・・・・もこう君!!!!!!!」

――――えっ?

「もこう君!! 何ぼーっとしとんの? はよ投げや。一投目やで。」
すっかり自分の世界に入っていた自分を引き戻すように声をかけてきたのは、同じパー組になったキッチンの社員さんだった。

俺「あっ・・・すいません。なんか、えーっと・・・。・・・あれ、俺一番目ですか?」
社員さん「そうやで。これラストゲームやからな、気合いれていっときいやw」

クスクスと笑うのは、もう一人同じパー組のホールの女の子、そしてA君。
そうか、そうだった。俺、さっきのお別れグーチョキパーでまたA君と同じチームになっちゃったんだ。いつの間にかもう6ゲーム目始まるのか。
さっき変なこと考えてたから、なんか気持ちが乗らない。もういいや、笑われても。何言われてももういい。どうでもいい。さっさと投げよう。

すっかり意気消沈した俺。A君に超大袈裟ハイタッチをかましたあの気迫はどこへやら。

魂の抜け殻のように、死んだ目をしながらただレーンばかり見つめ、自分の番がくると気だるそうに弱々しくボールを投げた。ガーターを連発する。終わってみると過去最低の50点台を記録。

もはや幽霊だった。地に足が付かず、完全に浮いていた。色んな意味で、浮いていた。

A君や同じグループのメンバーたち、いやきっと他の皆も、もう誰も俺の姿さえ見えていなかっただろう。

5ゲーム目、ムーンライトストライクゲームで社員さんが取ったストライクの記念として写真撮影があった。

俺は後ろの方で無表情のまま立っていた。きっと、この時の写真は心霊写真になるだろうな。

あれだけ待ち遠しかった解散の時が来る。感情を失っていた俺にとっては全てがどうでもよかった。なんならもう6ゲームやったっていい。どうせ一緒なんだから。

自堕落な態度を取る。本当に何もかもどうでもいい。何もかも・・・

場所は受付カウンターのレジ前。参加メンバーのボウリング代徴収タイムだった。

Bさんがお金を集金している。

副店長「ほい、これ、二人分。」

Bさん「あ、はーい。確かに受け取りました〜」

本当だったら俺が出さなきゃいけない金だ。何食わぬ顔でさっと払ってくれた。お礼しなくちゃ・・・。

俺「あっ・・あの、副店ちょ

社員さん「料理長、今日はお疲れ様でした！　どうでした？　楽しんでくれたんならよかったですけど。」

副店長「おお、お疲れさん。おもろかったわ今日は！　せやけど身体疲れたわｗｗ明日休みやなかったらどうなっとったかｗｗ」

社員さん「ははは！　僕も疲れましたよ。でも明日普通に出勤日ですわｗはよ帰って寝たいんで、もう出ますね僕ら。お疲れさまっした！　また今度よろしくお願いします。あ、もこう君もおつかれな。ほな～」

社員さんの車で来ていたメンバーは皆一足先に駐車場へ向かっていった。というか、今日って社員さんの企画だったのか。てっきりA君かと思っていた。・・・今さらどうでもいいことか。

残ったメンバーもぼちぼち帰りの支度を始める。どうやらA君がもう一台の車を運転するようだ。

A君「副店長おつかれさまっしたーーー！　僕らもそろそろ行きますわーー。今日楽しかったです、ありがとうございました。今度おごって下さいｗｗｗ」

副店長「何いっとるねんお前ｗｗｗ　あほか、気付けて帰りやほんま。おつかれさん」

俺「・・・」

副店長「・・・ふう、さて、こっちもぼちぼち帰ろか。送ったるわ駅まで。どこやったっけ？」

俺「・・・ありがとうございました。」

副店長「ん？」

俺「ありがとうございました・・・・・！　それとすんませんでした・・・・。ほんまにすんませんでした・・・ありがとうございました・・・。俺、今日、来てよかったんですけど、やけど、なんか、あの、その、いや、本当に楽しかったんですけど、でも・・・うぅ」

副店長「あーもう、わかっとる、わかっとるって。ええやんけ。な。もこう君よう投げてたやん。よかったと思うで。おん。せやから、帰ろうや。眠いやろ？　お前バイト終わりやもんな。さ、いこかー！」

その後、俺は何も言わずに副店長の車に乗り込んだ。

副店長が車のエンジンをかけ、出発しようという時、同じ駐車場にいたA君たちがまたお別れの挨拶をしにきた。もちろん、副店長にだけ。俺はただ助手席で俯いて彼らが去るのを待っていた。

そして車は出発する。

帰りの車の中、それまで麻痺していた肉体的・精神的疲労が蘇り、物凄い睡魔が俺を襲う。だけどそれ以上に募る、副店長への感謝の気持ちを、今日ボウリングの最中、お礼一つすら出来なかった分、これでもかというほど叫んだ。ありがとう、ありがとう、ありがとう、と。それを横目になだめてくる副店長の優しさが身体全体に沁み込んできて、俺は再び涙した。

俺「あの、お金いくらだったんですか。今度お返しします。」
副店長「ああ？　いや、ええよええよそんなん。」
俺「いや、そんなんって、いくらなんでも申し訳ないんで、どうかお返しさせて下さいよ・・・。」
副店長「あかんあかん、気にせんでええそんなん。それよりお前、後ろの席になんか本あるやろ。ちょっとそれ取ってみ」
俺「はあ・・・。本ですか？　ちょっと待って下さい。ｶﾞｻｺﾞｿ・・・。あ、これのことですかね。」

それは、タイトルから推測するに、心理学？　なのか良くわからないが、人間関係について書いてあるような書籍だった。

副店長「あんな、さっきちゅーか、ボウリング行く前やけど、俺も人とコミュニケーション取るの苦手や言ったやん。」
俺「ああ、そういえば、そんなお話しましたっけ。」

副店長「そそ、んでな、俺もさこういう仕事やってるとやっぱり会話とかって重要になってくるし、いわゆるコミュニケーション能力やな。そういうのないとあかんねん。でも、俺の性格っていうのは基本的に人と会話するのが得意とちゃう。」

俺「・・・僕もまさにそれっすわ。」

副店長「やからさ、そないな本読んだりして、わりと真面目に勉強してみたりするんや。まぁ俺なりの努力やわな。」

俺「そうだったんですか・・・。でも副店長って普段全然そんな風に見えませんよね??」

副店長「やから、それは〝演じて〟るっていうか、ちょっとでも周りからいい印象持ってもらうためにな、例えば笑顔やな。普段からニコニコしてたらやっぱり話しかけやすいし、それとあと、やっぱりこっちから積極的に話しかけていったりな。難しいと思うけど、やっぱり何か喋らんことには自分という人間がどういう人なんかわかって貰えんからな。どういう人なのかもわからん奴に、喋りかけにくいのは誰かてそうやろ。」

俺「・・・」

副店長「まぁ、そら無理して自分から話題振ることもないと思うよ。やけど、皆がなんか話してる時とかさ、仕事しながらでもなんとかそれに耳傾けてみて、自分が入れそうな話題やったらちょっと会話に混ざってみるとかな。それくらいは出来てもええと思うよ。」

俺「・・・ですよね。やっぱ、何かしら自分からもコミュニケーション取っていかんとね・・・。それ一応普段から意識してるんすけどね・・・どうもね・・・やっぱこう・・・なんか・・・。」

副店長「そらな、もこう君の性格っていうもんもあるし、うまくいかんことも多いやろ。まぁでも勉強にはなっとるんとちゃう？　バイトはこういう社会勉強の場でもある訳やんか。お前こういう系のバイトとか初めてとちゃうん？　そら最初っからうまくなんていかへんよ。中には出来る奴もおるやろうけど、そういう奴は元々向いてるんやろうな。なんでも向き不向きってのはあるよ。

まぁまぁ、もこう君がこのバイト不向きって言う訳とちゃうけど、とにかく今はいろんな経験しとくことやな。それは若い君にとってやっぱり財産になる訳やから。うん。」

何故だろう、凄く疲れてて、今にも寝てしまいそうな程眠いのに、副店長の話がすんなりと頭に入ってくる。副店長として、というより、人生の先輩として俺のために親身になってアドバイスをくれているんだなとわかる。

あれだけ病んでいた自分の心を一筋の光が射した気がした。

俺も将来、この人のような立派な大人になれるのだろうか・・・。


いつしか車内はしんみりとした空気になっていて、二人とも口数が少なくなっていく。と、気が付いたらもう俺ん家まですぐじゃないか。

駅まででいいって言ったのに・・・。最後の最後まで世話になりっぱなしだ。あ、情けねえ本当情けねえ。

副店長「おし、もこう君確かこの辺やろ。アパートの場所わからんからとりあえずここまででええか。」
俺「とんでもないです・・・。わざわざこんなとこまで送ってもらって・・・。」

副店長「ええ、ええ、気にせんでええ一々。ほなな。今日はごくろうやったな。俺明日は仕事休みやけど、また同じ日なったらよろしく頼むわ。んで、なんかまたあったら相談してくれてええ。ま、気軽にな。ほな、おやすみ～」

俺「あっ・・・。お、お疲れ様です！　今日は本当にありがとうございました。すんませんでした。いつかお礼させて下さい、ほんまに！　ほんまに・・・・！じゃ、じゃあ、おやすみなさい！」

バダンッ

俺は副店長の運転する車が見えなくなるまで手を振り続けた。

ついに帰還した。

もう、考えるのはやめよう。今日はいろいろあった。だけど、振りかえるのはやめよう。今はとにかく眠くて、疲れた。疲労困憊だ。寝させてくれ。また夜からバイトだし。

ふらふらになりながらアパートに戻る。

誰も迎えてくれないけれど、やっぱり自分の部屋は落ち着く。外はもう明るいけどさぁ寝るぞ。寝まくるぞ。

ボフッ

寒さで冷え切った敷布団の上、目を閉じる。ああ、今日はよく寝れそうだ。

いっそこのまま永眠してしまってもいい。

なんてな。

・・・・・・・ふと、何気なくポケットに手をつっこむと、今日はお金を一銭も持っていなかったはずなのに、何故か150円が出てきた。

俺「あれ・・・これ、なんだ・・・。」

その時、今日あった全てのことが走馬灯のようにフラッシュバックする。

俺「あああ、そうだ、あれだ、あの時の150円!! ボウリングの賭けで貰ったやつだ。

そうだよ、これ、良く考えたら一回賭け負けた時これで払えたじゃん。うわあ、なんて馬鹿なことしてるんだ自分・・・。本当なんの冗談だよ。ボウリング行って、金払うどころか逆に150円儲けて帰って来たって・・・。馬鹿か・・・。クソっ、クソっ!! クソ!!!」

100円玉に大粒の涙が落ちる。あろうことかこの男はまた泣いている。今日何度目だ。いい加減枯れろよその涙。逆によくここまで泣けるな。

俺「・・・ダメだ、俺、本当にダメな人間だ。弱い、弱い、強くなりたい・・・。ああ、この気持ち一人で背負ってなんていられない。

どうしても誰かに伝えたい。共感してほしい。どうすればいい。

・・・ああ、そうだ。」

布団から飛び起き、パソコンを立ち上げた。

俺「ブログでも、、書くか・・・。」

『副店長相手にマジ泣きして話聞いてもらって一緒にボウリング途中参加させてもらっておまけにボウリング代出してもらった奴って俺以外にいるの？』

完

そして現在

当時の俺のブログはどうやったでしょうか。

最初は日記のつもりで書き始めんやけど、予想以上に反響があって、どんどん調子にのってしまった結果、とんでもない長さに。ワードで調べてみると文字数が二万字を超えていた。アホです。

では、ここからはもこうという人間が、どんな風な人生を歩んできて、こんな風になったたか、中学時代から順を追って書いていこうと思う。

中学で
ヤンキーと一緒に
授業サボったら
俺だけ怒られた話

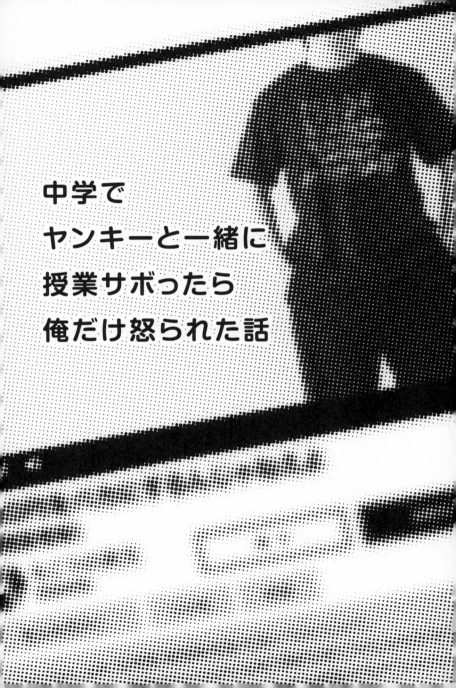

俺の中学校はとにかくヤンキー校やった。

地元の中では生徒数の多い公立の中学校。

自分の小学校からその中学校にあがった奴もわりと多くて、顔見知りみたいな奴も多かったけど、特に俺の代は柄が悪いことで有名やったらしい。

クラスの四、五人はヤンキーやったと思う。

俺は全然ヤンキーではなくて、なんていうか陰キャやったんやけど、当時肩パンみたいなのが流行ってて、ヤンキーによくやらされた。

ようは肩を交互に殴り合って、どっちが耐えられるかってだけのもんなんやけど、急にヤンキーがうぇーいみたいなんで絡んできて、俺らみたいな一般人同士で試合させようとしてきよった。

「おい、お前とそいつでやれ！」

みたいな風に俺と誰かが指名される感じやな。

で、俺らは逆らえんくて肩パンをやるんやけど、お互い気をつかって軽い力でやると、

「もっと本気でやれ！」とヤンキーにやじられたもんや。

あともはや試合形式でもなく、ヤンキーとの出会い頭に一方的に肩パンされたりすることもあったけど、あれなんなんや。

授業中にヤンキーが先生に爆竹を投げたせいで授業がなくなったこともあった。普段から音楽の先生にヤンキーがいつも色んなものを投げつけてたんやけど、ある日その中に爆竹があってあれにはびっくりした。

先生も怒って授業がなくなったのをよく覚えてる。

ただ、ヤンキーの中には小学校の友達やった奴も多くて、俺は全然ヤンキーぶったりはすることも全くなかったんやけど、小学校の友達やったヤンキーには変に絡まれたりすることがよくあった。

今でも覚えてるのは、体育の授業の時のことや。

ヤンキーとその友達みたいな七、八人くらいがなんか、体操服に着替えなあかんのに着替えへんくて、

「馬場、お前もサボるぞ」と言われ（はじめに述べた通り実は馬場という本名で

す）、俺もなぜかそこに巻き込まれた。

悪いことしてしまってるという焦りはあったんやけど、他の人たちがみんな体育館行っちゃって、後から着替えて追いかけることもできず、俺は言われるがまま教室に残ってそのまま教室で弁当食ったりしてた。

でも、終わったあとに女子とかが教室に帰ってきて、開口一番に言われた。

「なんで馬場がサボってここにおんの？」って。

「お前はそういうキャラちゃうやろ？」みたいな目線も向けられた。

って言われてもね、俺は言われるがままにしただけやったし……。

でも、皆ヤンキーには何も言わなかった。

ヤンキーはいいのに、俺はあかん。

まあそうやろなあ。

俺はそういうキャラじゃないよなあ。

とか思いつつも、俺はただただバツの悪い顔をしていた。

だって俺はヤンキーじゃなくて、陰キャやったし。


ヤンキーは皆、赤Tシャツに学ラン。

ワイシャツを着てても、第三ボタンまであけているような奴ばっかりやった。

ようは第何ボタンまであけてるかで、いかに自分が悪い奴かをアピールしてたんやな。あけてるほど悪いみたいな。

もちろん、俺はちゃんとしめてた。第一ボタンまでぴっちり。

自分になれ
オリジナルになれ
自分を貫け
常に挑戦者であれ
常にマイノリティであれ

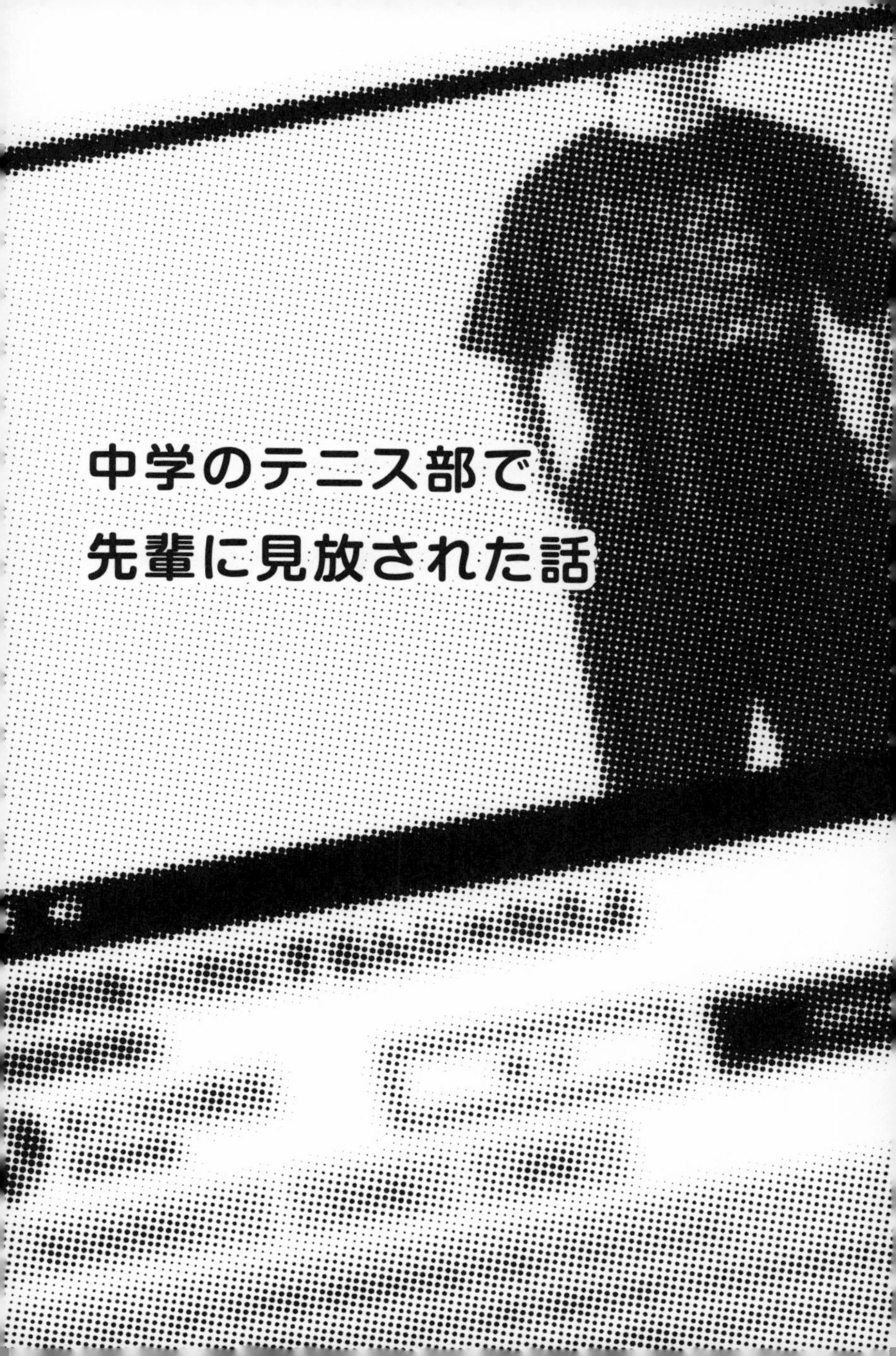

中学のテニス部で先輩に見放された話

こう見えて俺、実は中学校の時はテニス部に一年だけ入ってた。

なんでテニス部に入ったかというと、テニスをやっていたとかではなく、単にそこに入る友達が多かったから。あとは近所にラケット屋さんもあったからくらいの理由でしかなかった。


ただこのテニス部、練習が死ぬほどしんどかった。

いっつも校舎の周りを六周走らされて、俺はいつも最後。

一年生はそれが早く終わった人からボールとラケットを使った練習ができたんやけど、俺がようやく走り終わって「さあやるか」って瞬間には、上級生のラリーなんかの実戦練習が始まってた。

そうなると一年は玉拾いしなあかんから、俺は全然練習できひん。

だから当然、中々上手くもならんかった。

このテニス部は水も勝手に飲めへんような強豪（この時代の部活って水飲んだらあかんとか普通にあったんで、コートから帰ってきてこっそり手を洗うフリして水を飲んでた）やったから、もともとクラブでテニスをやっていた奴もいたりして、やっぱりそういう上手い奴は先輩に気に入られてた。

でも、わりと同級生同士では仲がよくて最初は結構楽しくやってたと思う。

これはちょっと武勇伝みたいになるけど、俺は一年の最初の大会ではシードの上級生に勝ったこともある。

一個上の他校の上級生で目茶苦茶うまい相手やった。

サーブの威力も全然違うくて、あっという間に四ゲーム先取で三ゲームとられた。

ただ、俺も相手のミスでなんとか一ゲーム取り返した。

そうすると意外と俺も勘を取り戻してきて、なんと三対三まで巻き返して、最終ゲームまでもつれこんだ！

一応補足しとくと、これは俺がとんでもないサーブやボレーを決めたとかではなく、相手のミスなんかでそこまで巻き返せた感じやった。

そして最終ゲーム。

結論から言うと勝った。


あの時はすごかった。

試合終わった瞬間、全テニス部員が俺を迎え入れてくれて、先輩とかにもすごい褒められて嬉しかった。

振り返ると、素質はそこそこあったんやと思う。


ただ、俺は徐々に部活をちょくちょくサボるようになり始めてしまった。


これ、という出来事があった訳でも確かなかったと思う。

練習もきついし、最初からそんなモチベがあった訳ではなかったからというのが一番。

それに一回サボると余計にモチベも落ちて、先輩にもよく思われてないんだろうなあと思うとさらに引け目を感じて、どんどん行く気持ちがなくなっていった。

同級生に見つかって引き留められたけど、無視して帰ることもあった。


それでもちょくちょくは行ってたんやけど、ある日。

入部当初にかわいがってくれた先輩が、ボレーの練習の時に俺を見放した。

その日、俺のボレー練習をその先輩が見てくれててんけど、俺は練習なんてたまにしかしいひんから、アドバイスされたとしても全然上手くできひんかった。

そんな俺を見て先輩が言った、

「お前に何言ってもわからんか」


今でも覚えているあの一言。

見放された瞬間を、確かに感じた。

あれはショックやった。

だからますます行きたくなくなった。

素質はそこそこあったはずやのに。

240円を
バカにするんじゃねえよ

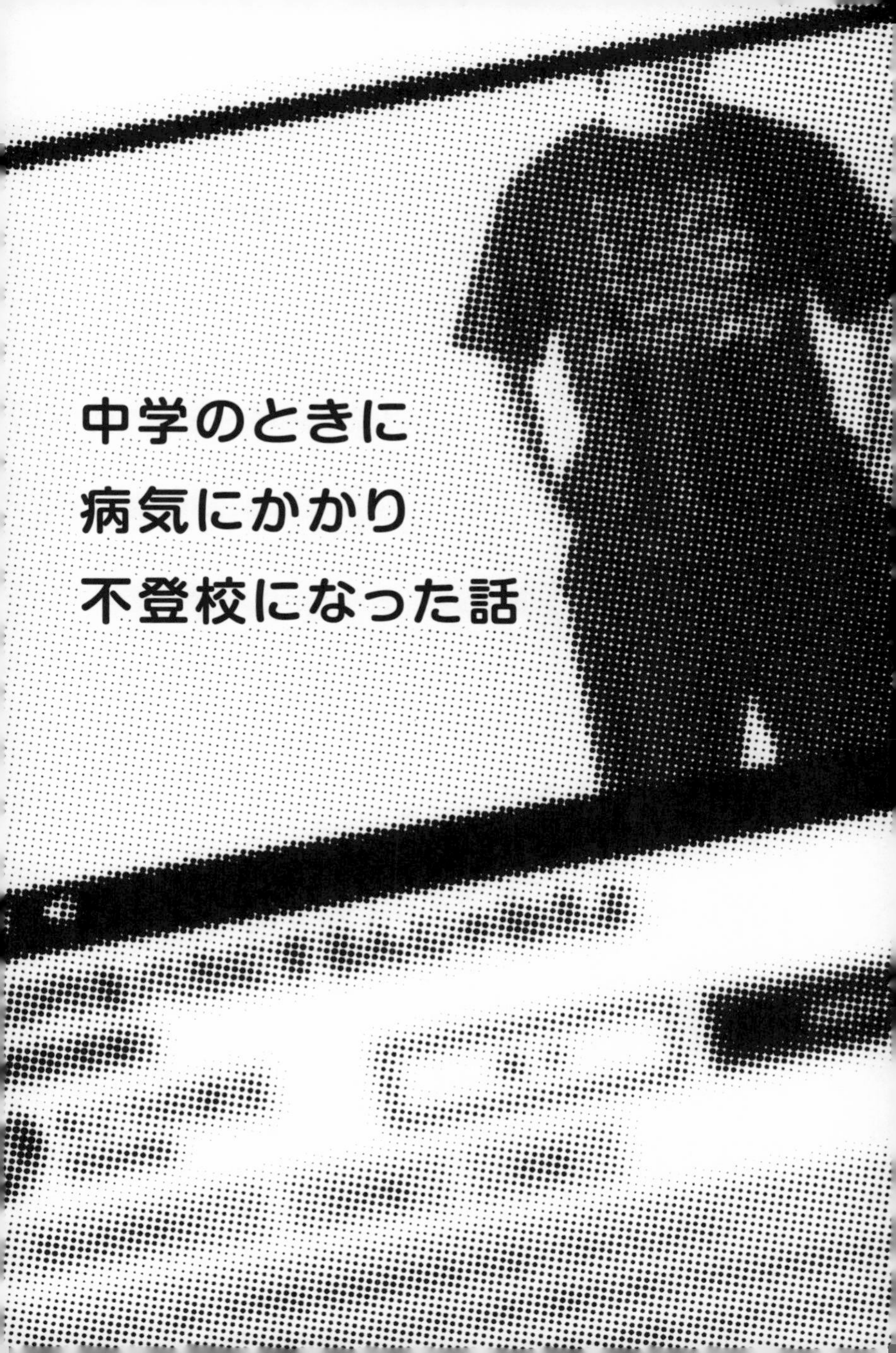

中学のときに
病気にかかり
不登校になった話

中学一年の冬、体調がおかしくなって血便が出た。

でも親に言うのは恥ずかしかったから、しばらく放置してたけど、どんどん体調が悪くなってきて、年が明けて春前になってようやく親に言った。
当たり前やけど、即行病院に行くことに。

そしてちょうど春休みくらい、俺は入院することになった。

二週間くらいで退院出来る話やったけど、俺のなった病気は思ったより当時は難病で、聞いた時に俺は死ぬんちゃうって思った。

病気を宣告された時、母親が泣いていたのも鮮明に覚えてる。

ただ結局二週間では退院できず、俺は三ヶ月の入院生活を送ることになった。
入院中はとにかく食事制限ばっかりやった。入院食っちゅうやつやな。

固形物は食えへんからほぼおかゆと水だけ。

症状を抑えるために強めの薬を飲まなあかんくて、副作用とかで顔がむくんだりしてて、友達がお見舞いに来てくれたけど、顔むくんでるのが恥ずかしくて追い返したこともある。

ただ入院生活で唯一、いいことが一つだけがあった。

それは好き嫌いがなくなったこと。

ある程度血便とかも治まってきて、ご飯も食べれるようになった頃、初めて魚が出てきた時は本当に感動した。

それまで魚なんか全然好きちゃうくて、見向きもしたことなかったのに、めちゃくちゃうまかった。

魚以外も、何食べても美味しいと思った。

ほうれん草のお浸しとかもめちゃくちゃ美味しく感じた。

お米とかも普通に食えるようになった時は、ほんまに感動した。

症状とかもある程度落ち着いてきたら、入院中に通えるような小児科学校みたいなのがあって、俺もそこに行かなあかんことになった。

ただ、当然俺は全然行きたくなくて、ほぼ全部それもサボってたんやけど。でも看護師さんは俺をそこに行かそうとしてくる。

当時、俺の担当をしてくれていた看護師の女の人がいて、俺の記憶では顔めっちゃかわいくて、ちょっと好きやった。

向こうも向こうで「馬場君、また明日の検診でねー」とか言って、親しげにしてくれて仲良くしててんけど、ゲームして夜更かししてて朝起きれなかった時、俺を特別学級に行かさなあかんから、その看護師の人が俺を起こしにきた。

「馬場君、早く起きて！　学校行かなあかんよ！」

でも俺は眠いから起きないっていう姿勢を貫いてたら、その人もだんだんヒートアップしてきて、

「お願いだからいうこときいてよ！　私のことそんな嫌いなの？」

とか言うてきて、俺はでもどうしても行きたくなかったから、

「嫌いや！」って突っぱねてしまった。

そしたらその人、次の日から俺の看護師の担当外れちゃった。

悲しかった。

後悔もした。

それでも、同じ病室の年下の男の子と結構仲良くなったりして、その子とゲームしたり、二人とも野球好きやったんで、二人で一緒に野球したりしてたりもして、それなりに楽しく入院生活を送ってた。（そいつとの交友関係でいうと彼が先に退院して、そのあと俺が退院して、通院みたいなんもあったんで経過観察の通院日が重なる時があって、そこで会うこともあった。向こうは結構仲良くしたげやったけど、俺は不登校なって、人類全員敵やと思ってたから、めっちゃそっけない態度とっちゃった記憶がある。彼とはそれっきりになってしまった）

そして無事退院し、中学二年生の夏休みの直前。

俺は学校に復学することになった。

復学の日の朝、俺のクラスらしい教室に入って、みんなの前で挨拶しなあかんことになったけど、みんなの前に立った瞬間、げろ吐きそうになった。

俺は学校に通うのは無理や。


そう思った。

その後、ほんまは授業受ける予定やったけど、即行で帰って、俺は逃げるように校門を出た。

その時、ヤンキーみたいな先輩が校門にいて、その先輩に心配されたのも覚えてる。尋常じゃない俺の様子を見て、声をかけてくれたんやと思う。

「おい？　お前どしたんや？　大丈夫か？」

ヤンキーに心配され、ヤンキーの優しさに、みじめさがさらにこみあげてきて、余計に泣きそうになった。


そこから俺は不登校になった。

中学校に入学して、学校にもちゃんと行ってて、部活もして、順調そうやったけど、どこかに学校に行きたくないなあっていう気持ちはずっとあったんかもしれん。

自分がただただたんに怠け者だったのか、環境がよくなかったのか。病気をきっかけに不登校になる前から、引きこもり気質みたいなのはあったんかもと思う。

だから、配信なんかではわりと美談（病気のせいで不登校になったけど頑張ってる）のように話しているけど、入院したことをある意味学校に行かない理由にしてたんかもしれん。

退院した時、退院出来てよかったって気持ちと、学校に行かなあかんことに憂鬱な気持ちがあって複雑やった。

ある意味、病気なったことは、俺が学校にいかない言い訳になっていたんやと思う。

降参読み降参じゃ！

ネット掲示板を
居場所にしてたら
そこでも
コテンパンにされた話

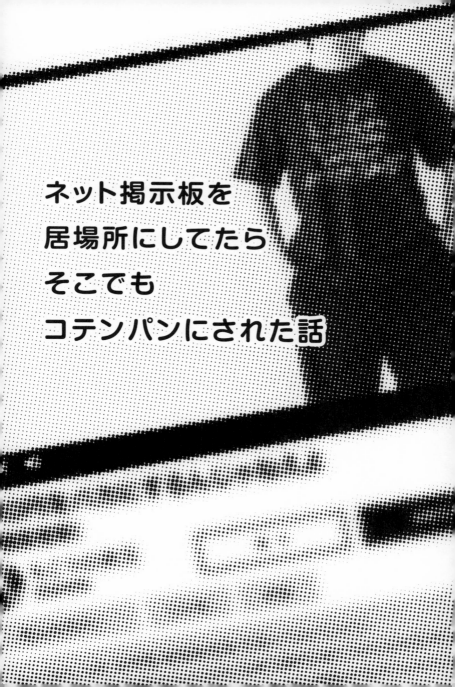

不登校の間、学校にも行かずに何をしてたかというと、もちろん家から出ることはほとんどなかった。親は共働きやったし、二人とも昼はいっつも家にいなくて、夜家族が帰ってくるまではずっと俺だけの時間やった。

リビングの角にちゃぶ台を置いて、俺専用スペースにして、家にこもってプロ野球観戦したり、ゲームをしたり。

そんな俺が、一番熱を上げてたのがネット掲示板やった。

ゲームや野球の感想書いたり、ブログを書いたり、普段の生活とか日記みたいな感じで書いてた。

不登校になった後、同級生との連絡なんかも絶っていて現実世界で友達もいなかったから、ネット掲示板だけが友達で、レスを飛ばし合ったりするのが唯一のコミュニケーションやったんかも。

いつもいたのが巣ごもり掲示板。ようはひきこもりイタ、俺みたいな奴が集まる掲示板やった。

でも、稀に「お前本当に引きこもりなのか?」みたいな奴がいた。

俺は本当に友達なんていないのに、そいつはたまに友達と遊んできたみたいな書き込みをしてて、糾弾すると、「唯一の友達だから」とか言い訳する。

〝唯一の友達と〟、とか言うけど、お前友達いるし遊びに行くんやったら引きこもりちゃうやんって、裏切られた気分になった。

そんなエセひきこもりなんかには腹が立って、全力で叩いてた。

そして俺が一番勤しんで叩いていたのが、固定ハンドルネームで書き込みをする奴。

通称、コテハンや。

普通こういうネット掲示板って、匿名やし、同じ名前を使うこともないから、前ここでこういう発言してた奴が、別のところで発言していてもそれが同一人物やとはわからない。

でも、固定ハンドルネームといって、匿名なんだけどずっと同じ名前を使う奴がいて、そうすると個人として特定が出来るようになる。

要は自己顕示欲を発散させたいんやと思う。

みんな匿名やのに、自分だけ自己主張している奴があんまり好きじゃなかった。

だから、固定ハンドルを新しく始める奴は叩いてた。

それもかなりボロクソに。

せっかくのネット掲示板やのにわざわざ、自分を特定出来るようにするなんて、調子に乗ってるみたいで許せなかった。

もちろんそのとき俺はコテハンしていなかった。


そんな俺だが、後ほどコテハンを別のスレ（掲示板）で始める。

ハンドルネームはトモアキ。

ファンの人からは、トモアキ時代なんて言われている時代。

今思えばこれが初めての固有の名前でのネット活動やった。


始まりはその別のスレというのに参加したことやった。より自分の境遇に近いスレで、不登校中学生が語るスレ。

俺はより自分に近い人とコミュニケーションを取りたくて、そこに居場所を移した。

書き込みの内容もかなりリアリティがあって、今日保健室登校するとか。学校にいけないし、学校を卒業した後、お先真っ暗だとか、本当に自分と同じ気持ちやなと思えるような投稿が多かった。

今思えば、本当にそこにいたのって数人やったのかもしれない。書き込みの数が多かったんで、人がいっぱいいるような気がしてたし、そう思いたかったのかもしれない。自分以外にも沢山同じような人がいると思えるだけで安心感があったんかも。

ある日、そのスレの一部のメンバーで外部アプリ（今でいうメッセンジャーみたいな）で、ネット掲示板以外の場所でも交流しようとなり、実際に皆で話した。

その時に俺はトモアキと名乗った。（当時好きやった野球選手の名前が元ネタ）

その交流の中で、ネット掲示板でもその日使ったのと同じ名前を使って皆コテハンになろうぜみたいな流れになった。

そして翌日、いつものスレに俺含めコテハンが八人くらい現れた。

外部アプリでの交流に参加していなかった人たちは猛反発し、内紛が起きた。


俺は何があかんねんと言い争った。


徹底抗戦。

ありとあらゆる罵詈雑言を浴びせた。

でも、あまりにボロカスに言い過ぎたのか、しばらく続くうちになんか俺がおかしいみたいな扱いになってきた。

不登校中学生のスレやったはずやのに、なんか徐々にトモアキを叩くスレみたいな名前になってきた。

相手は俺と同じようなひきこもり中学生やったし、絶対負けたくなかった。

「お前らみたいな将来性のないくず予備軍が！」とか言ってまた徹底的に戦った。

そしたらまた悪循環でますます俺が異端児みたいになって、俺を叩く専用スレみたいなのがたってしまった。

そこからはずっとコテハン、俺はトモアキとして歩みを始めた。

トモアキとしてネットラジオを始めてみたり、ブログを始めてみたり。今やっている活動の原型がそこにあって、ひきこもりの世界での活動者として、高校に入るまではアンチたちに抗戦してた。

俺は世界の全てが敵のように思えてたから、同じような別のコミュニティでブログをしている別の子の掲示板を見つけると徹底的に荒らしたりもして、また叩かれた。

ただ、一定数、トモアキのファンみたいな人たちもいた。

「いつもブログ読んでます」

「応援しています」

そんな風に言ってくれたことを覚えてる。

ネットで調子こいて、俺は勇気をもらってたのかもしれない。

ネットは自分の安心出来る居場所でもあり、唯一調子に乗れる場所やった。

でもその裏には、そこにずっといる自分に対するコンプレックスみたいなものが常につきまとっていて、表裏一体やったと思う。

しかも、アンチみたいな奴が言ってくるのが「学校にいけないようなゴミが」みたいな、図星をつく正論がわりと多くて結構痛かった。

でもそれを認めてしまうと自分が自分じゃなくなるから、論点をずらしたりして、必死で言い返してた。

「お前、俺の若さに嫉妬してんだろ」とか、

「俺は中学生だからこれからなんぼでも活躍出来るけど、お前はもう人生終わってるひきこもりだろ」とか。

そんなことを言いながらも、ずっとネット掲示板にいて、将来もない、学校もいけない自分への劣等感みたいなものは膨らんでいった。

でもちゃんと焦って学校にいかなきゃと思ってたのは最初の方だけで、段々と行かないことにも慣れてきた。自分自身へのコンプレックスはあるけど、でもそれに馴れてしまう感じ。

母親が幼稚園の先生やったんで、最初は特に気にはしてたけど、それでも自分はいかなかった。

俺が徹底的にいかないというスタンスを貫いたので、いつのまにか親も諦めていた。

さざめけ…

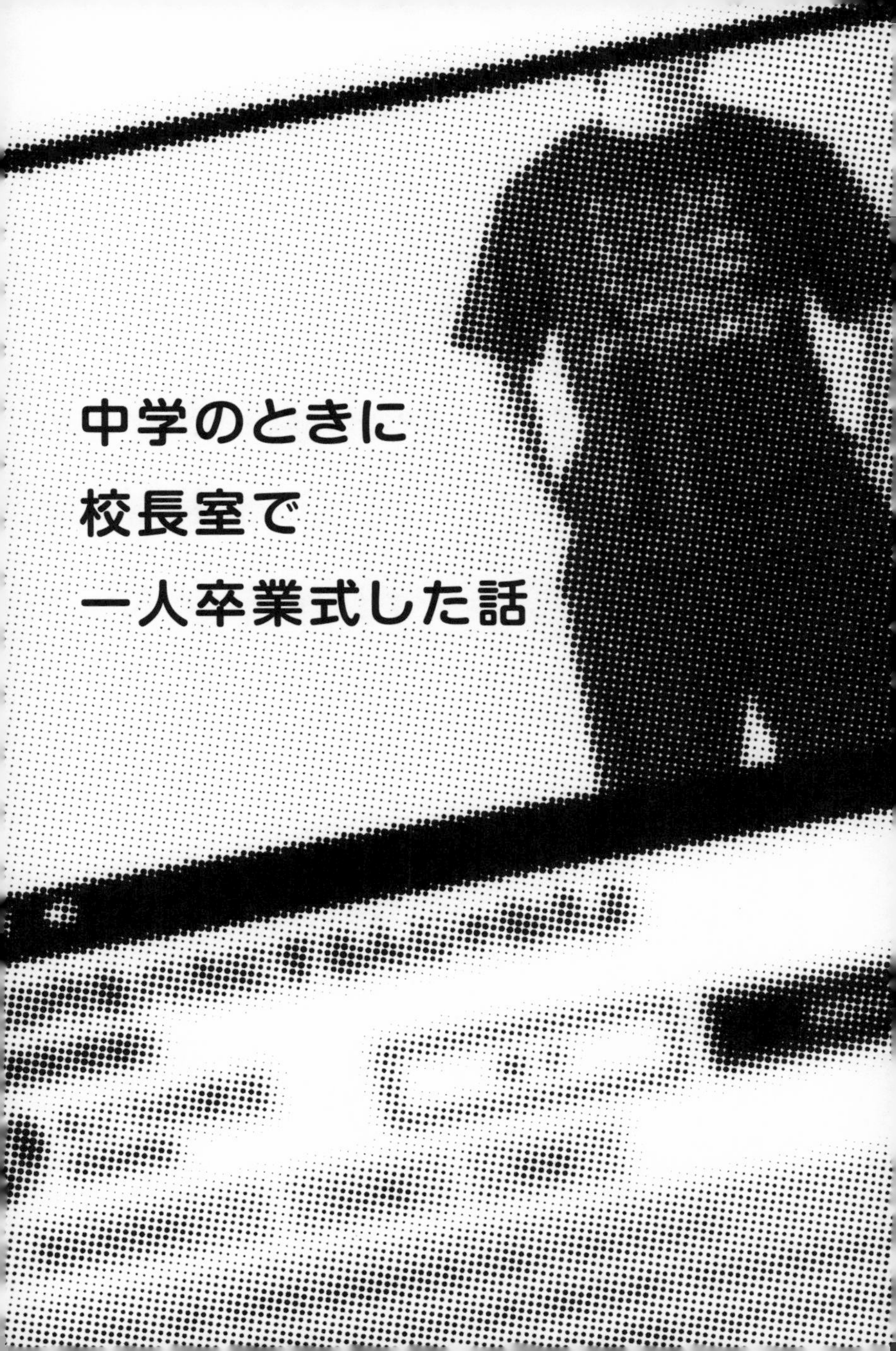

中学のときに
校長室で
一人卒業式した話

不登校のまま、月日はあっという間に経ってしまい中学の卒業式の日がやってきた。

もちろん、俺は卒業式には行くつもりなんてなかった。

でも、その日だけは、「どうしても行ってほしい」と母親が俺を卒業式に連れていこうとして、絶対に行くという気迫を感じた。

俺は行かないって言ってるのに化粧とかし始めて、卒業式に行くようの服を着て、そんな母親の姿を見てたら何も言えなくなって、自分も私服を着て、母親の車に乗った。

リアルに二年ぶりの校門はとにかく緊張した。

制服姿の同級生に会ったらどうしようという不安もある。

車が中学校に入って俺はますますドキドキしてきたけど、でもどうやら本当の卒業式は終わってるらしかった。

俺は母親に連れられるがままついていくと、校長室に着いて二人で中に入る。

校長室にはいろいろな先生がいた。

校長先生はもちろん、各学年の担任の先生、一年の時の担任の先生もいた。

多分、校長室で卒業式するっていうのは母親が先に話をつけていたんやと思う。

「馬場君、卒業おめでとう」

自分のためだけに開催された校長室での卒業式で、俺は校長先生から卒業証書を授与され全員から拍手された。

後ろの方で母親が涙ぐんでいるのを今でも覚えてる。

あれは結構メンタルいった。

あの空気感は切なかった。

ごめんなさいって感情だったと思う。

こんな自分の一人のために先生が時間作ってくれたのも。

学校にいけなかったのも。

二年間行かなかったことに対する後悔もあった。

人生に対する不安もあった。


あとその中で、中学一年の担任の先生に謝られた。

「学校にいけるような工夫をもっとできたかもしれないね。ごめんね」って言われた。

俺は謝らんといてほしかった。

先生が悪い訳じゃないのは俺が一番よくわかってたし、だからこそ余計に申し訳なくなった。

俺は母親と逃げるように帰って、「卒業式出てくれてありがとう」ってファミレスで美味しいご飯を食べさせてもらった。

結局その後、人生でちゃんと卒業式に出たのは大学だけやった。

中学、高校で卒業式行けなかったよって人がもしいたらやけど、いけなくても全然大丈夫。

それは仕方ない。大丈夫。

卒業式出んでもこうやって動画を録っているような元気な大人になれるんで安心して下さい。

卒業式いかなくても大丈夫。俺もいかなかった。
振り返らずに前をむいて歩いて。

重くないかその称号《なまえ》

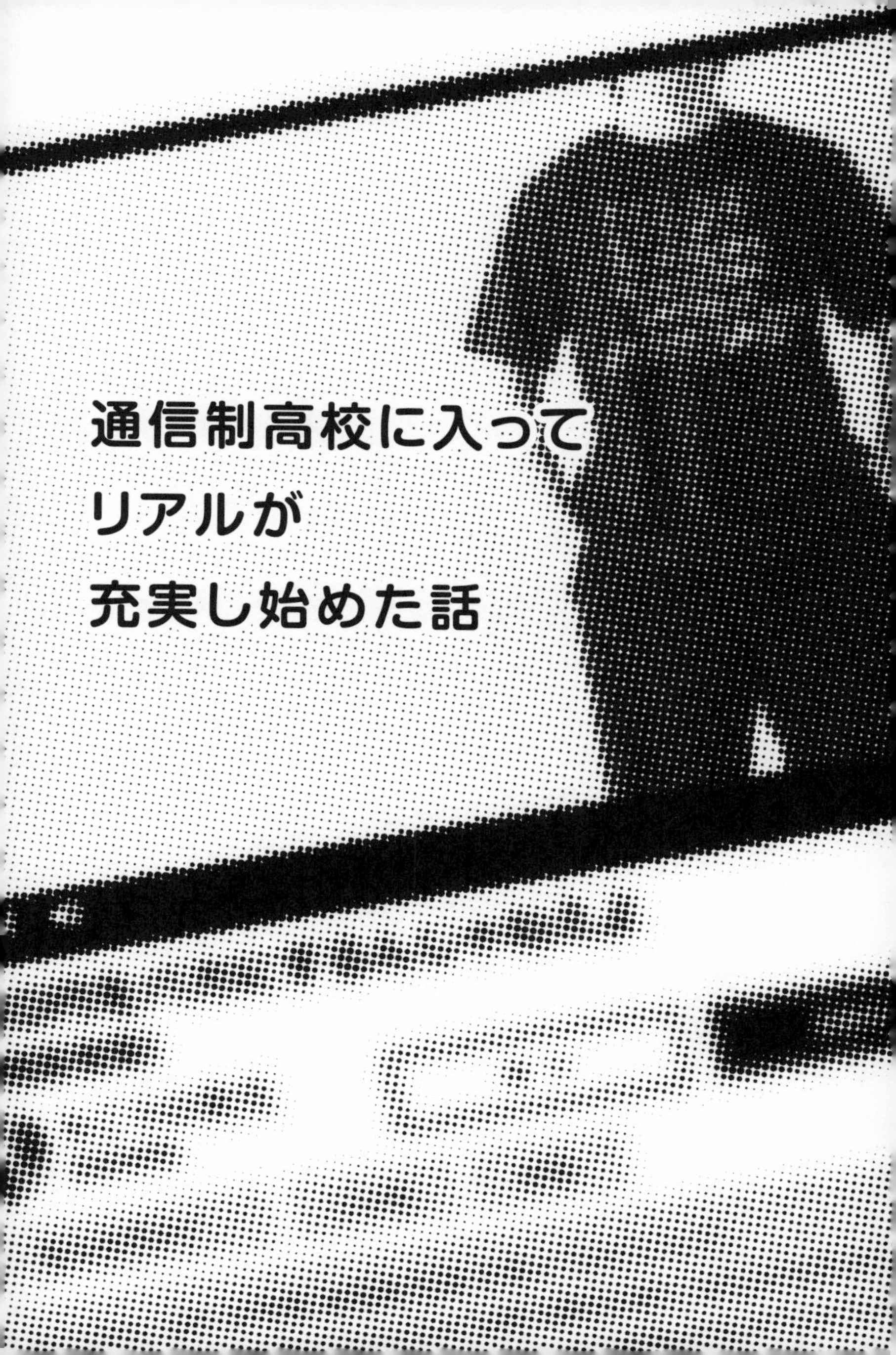

通信制高校に入って
リアルが
充実し始めた話

中学校不登校で過ごしていく中で、いつか、この不登校という現状を打破しなあかんっていう気はずっとどっかにあった。

高校に行くっていうのはそのきっかけになるとは思ったけど、ただ、いきなり全日制の学校に行こうとは思えなかった。

そんな時、通信制の高校があるってことを母親が勧めてくれて、ここならと思い、俺はそこに入学することを決める。

実家から電車で三十分くらいの場所にある通信制高校は、とはいえ、登校日みたいなんがあって、週に三日くらいは行かなあかんかった。

それでもずっと引きこもってた自分にとってはかなりの負担やった。


そしてなんと、入学早々リアバレした。


一年生の夏頃くらいまでは、ネットでのトモアキとしての活動もまだ少ししてて、アンチみたいな奴らが俺の通ってる高校を特定してきよった。

大阪の通信制高校ということは言ってしまってて、当時通信制高校が大阪に数えるぐらいしかなかったからやろな。

入学して一ヶ月か二ヶ月くらいでリアバレしたんやけど、ある日、先輩が、「お前、トモアキやんな？」と面白がって声をかけてくれた。

その先輩は別に俺を虐めたりする訳でもなく、めっちゃいい人で、それをきっかけに先輩たちと絡むようになって、先輩の友達と一緒に遊びに誘ってくれたりとかもした。

映画いったり、カラオケいったり、久しぶりの学生らしい時間で、それによって不登校で誰とも関わることがないと思ってた自分が徐々に殻を破っていった。


それとボランティアの授業で女の子の友達ができた。

ボランティアをやると単位が貰える授業があったんやけど、それをやってる時に同級生の女の子に話しかけられた。

今思うと、こん時の俺はかっこよかったんかもしれん。

そこからメアドを交換して、女の子何人かとの遊びにも誘われるようにもなった。カラオケいったり映画みたりはもちろん、ネットで交換日記をしたりもした。

パスワードつきのやつ。懐かしいわ。

同じくらいの年の女の子と話すとか想像もしていなかったし、嬉しかった。

学校に行けず、ネットの世界にしか居場所がなかった俺のリアルが久しぶりに充実し始めた。

楽しくて、自然とネットの活動はやらなくなり、こうしてトモアキは自然消滅した。

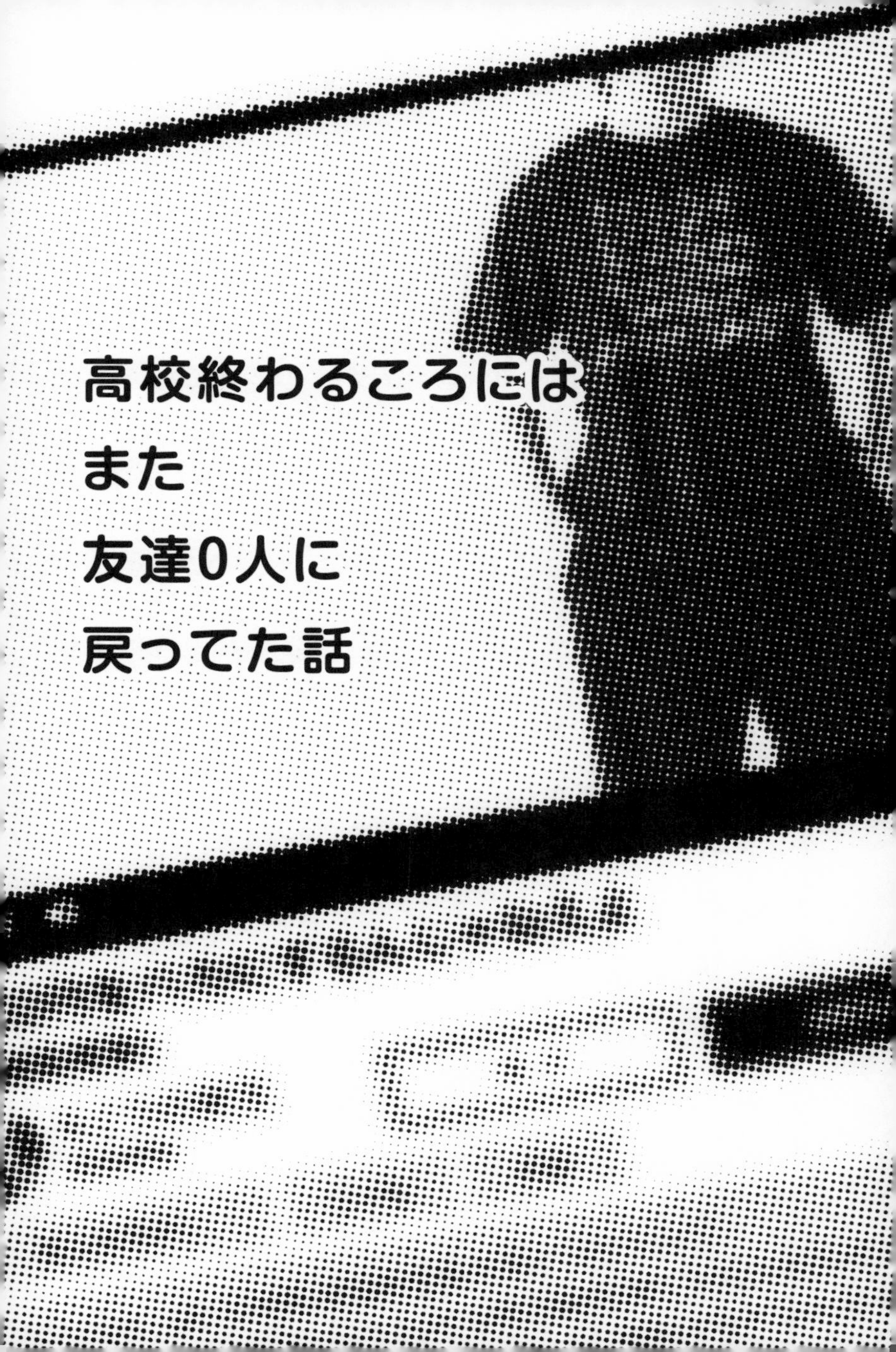

高校終わるころには
また
友達0人に
戻ってた話

しかし、そんな生活は長くは続かず。

いろいろあった結果、高校を卒業する頃にはまた友達が一人もいなくなってった。


ある日、仲良くなった女の子に俺がブログにその子の友達の悪口を書いてるとか言いがかりをつけられた。

そもそも本当は書いてなかったし、和解はしたけれど、それ以降変なしがらみみたいなんが生まれて気まずくなり、めんどくさくなって関わるのを辞めてしまった。

それ以外の友達に関しても、そもそも通信制高校は登校頻度も少ないし、長期休みが長すぎる（十五週いって三ヶ月休み）ので、せっかく仲良くなっても長期休みを挟むことで疎遠になってしまうことが多かった。

俺も家が近くはなかったし、みんな地元に友達がおるから長期休みに高校の友達同士で会うこともほとんどない。

そうすると、仲が良かったとしても、しばらく会わんとまた他人のように感じてしまって、すぐに気まずくなってしまう。

そうならへん人もいるかもしれんけど、俺はそうなってしまった。

通信制高校でつくった友達の関係はかなり薄かったんやな。


ちょっと仲良くなってもすぐに気まずくなって、高三になる頃には一人しか友達はおらんかった。

その最後の一人は二十四歳くらいの学生さんで高二の時クラスが一緒やった人。

ちょっと仲良くなって一時めちゃくちゃ遊んでたんやけど、その人とも最終的に喧嘩した。

電話がすごい好きな人でよく近況や不満を話してくれるんやけど、電話をする時はいっつもまず向こうからかかってきて、出ると、

「電話切って、そっちからかけなおしてくれ」と言われ、俺は何も考えずにその通りにしていた。

そしたら、母親から、

「電話料金やばいけど、何これ？」と言われ気づいた。

もしかしたらあの人、電話代払いたくないからかけなおさせてたんか?って。

そのことを話すと、「そんなつもりはなかった」と謝られたけれど、なんとなく気まずくなった。

俺が受験する大学についても、俺が受かったら行こうと思ってたところを彼は酷評していて、

「受かってるやろうけど、滑り止めにしなあかんで」とか言ってたけど、俺は全然勉強なんてしてへんかったし、受験生とは思えへん生活を送ってて、ゲームばっかりしてたから、もちろん落ちた。

でも、滑り止めと言われた大学を落ちたってどうしても言いづらくて、めんどくさくなって、電話事件での不信感もあったから距離をとった。

そしてまた、友達がいなくなった。

まあでも別に友達とかそんなほしくないしってそう思うようにしてた。

友達がいなくても楽しいって。

定期券を
買ってきた父親に
ブチギレた話

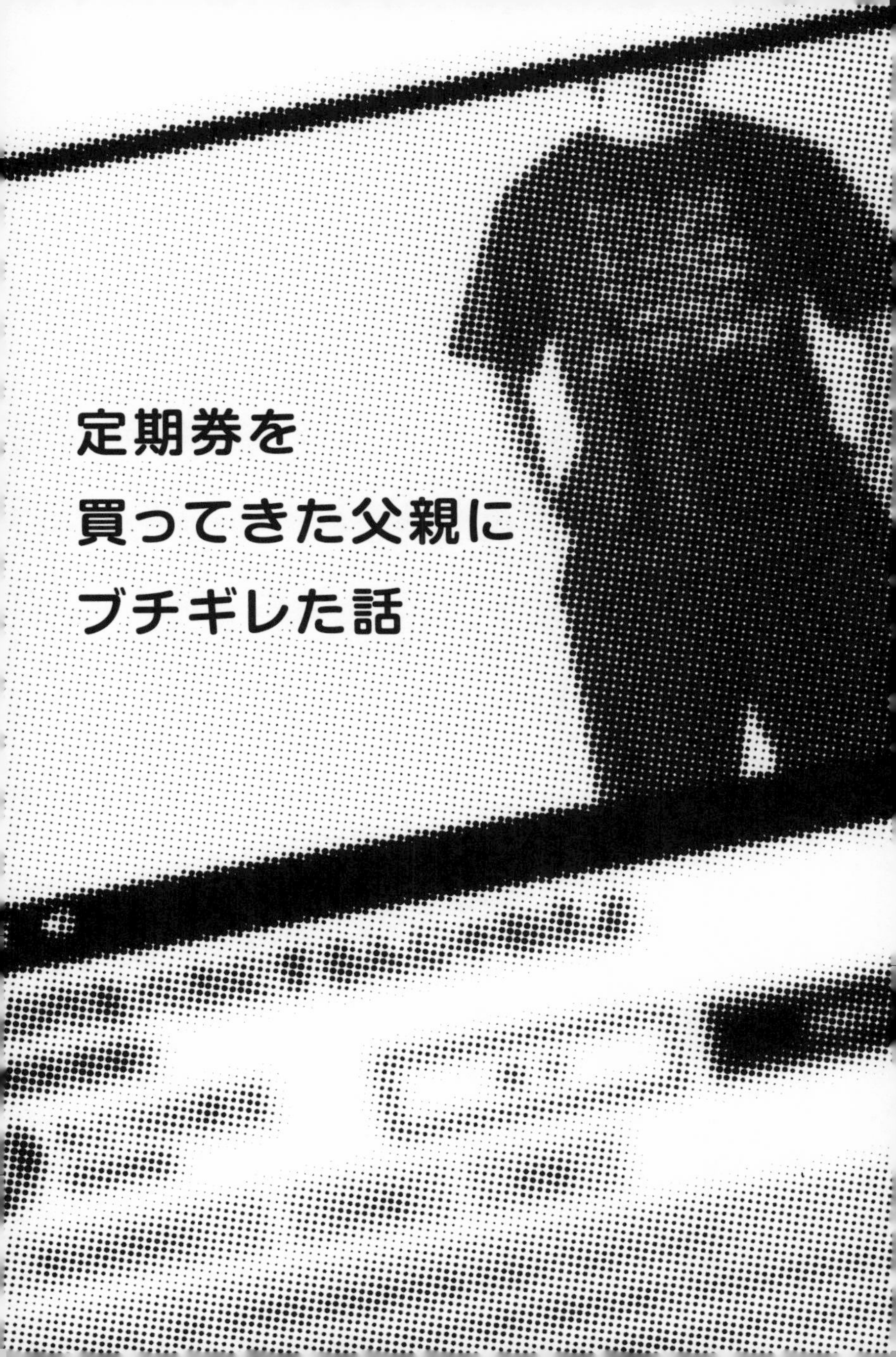

高校時代の俺はコンプレックスの固まりやった。

学校に行く時、平日の日中に私服ってのが恥ずかしくてたまらんかった。

みんな制服やのになんで俺だけ私服なんやろって。

私服を着ていることが〝普通じゃない〟高校生活を送っている証明みたいで嫌で、わざわざちょっとブレザーっぽい、制服っぽくも見える服を買って着ていったりもしてたくらいや。

同じようなことでいうと、通信制高校は行く頻度が低いので、定期券を買うほどじゃなく、回数券を買って電車に乗ってたんやけど、それも嫌やった。

回数券は駅員さんに見せなきゃいけない。

それを見せるのが、恥ずかしくて、嫌だった。

嫌すぎて、親に泣いたこともあった。

「俺は普通の高校生じゃないやん。普通の高校生になりたかった」

そんな風に言ったら、後日、父親が定期券を買ってきてくれたんやけど、俺はそれにぶち切れた。

「なんでお前、こんなもん買ってきたんや！」

自分でも理不尽かもと思う。

でもそれによってもっともっとみじめに感じたし、それを受け取ってしまったら、やっぱり自分は普通の高校生じゃなくて、私服で学校に通うのは普通じゃなくて、回数券を使うのは恥ずかしいことなんやって、自分で認めてしまう気がして、認めてしまうともっと自分がみじめになりそうで、ぶち切れてしまった。

俺は普通の高校生の制服と定期券に憧れていた。

謝罪はしません。
謝罪をしない
ということ自体が
謝罪であると。

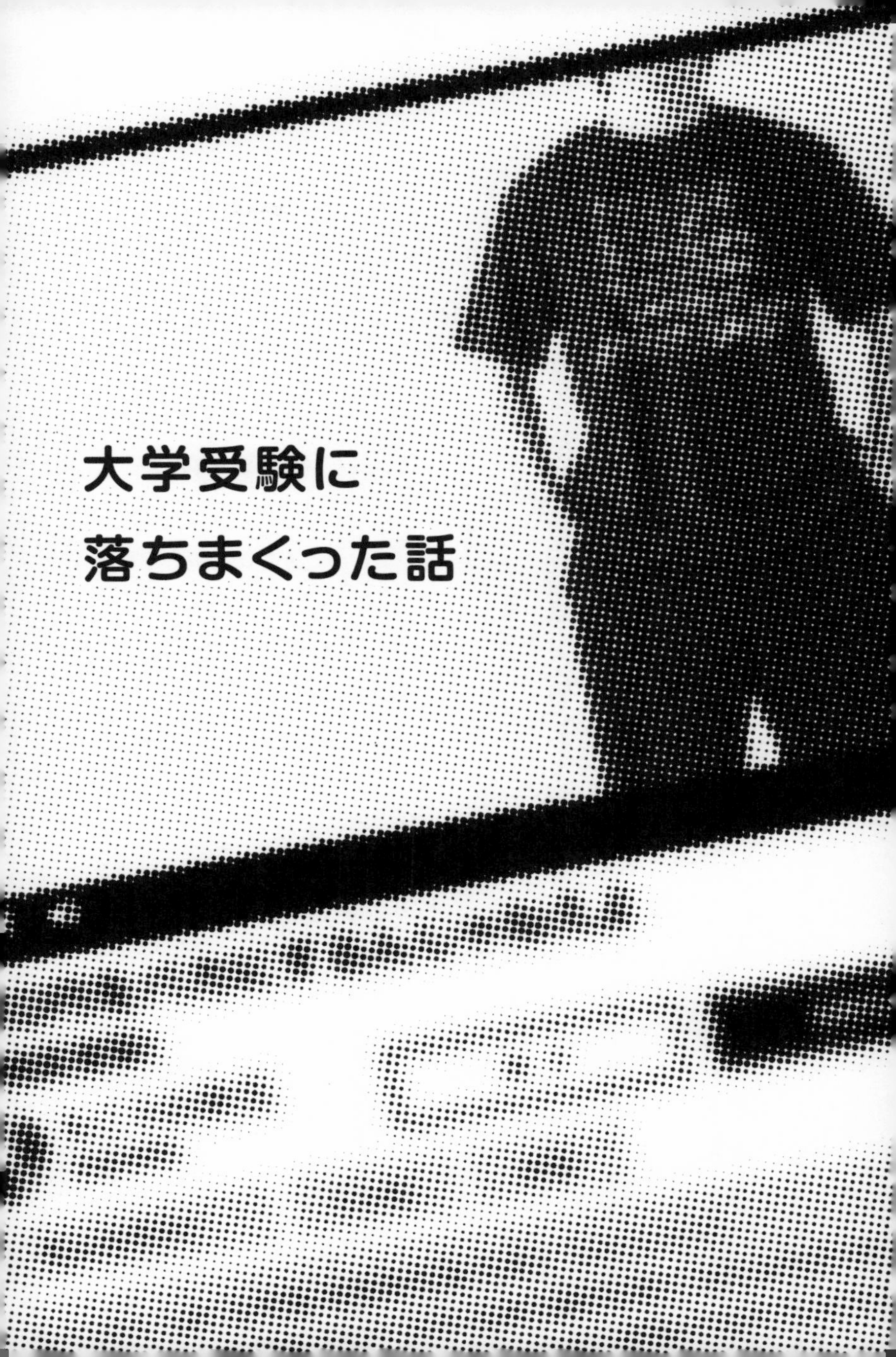

大学受験に
落ちまくった話

大学には進学したくて、通信制高校の系列の予備校にも当時通ってたけど、成績はあんまりよくなかった。

理由は明白で勉強をしてなかったから。

当時流行ってた携帯式のゲーム機を塾に持ち込んで、空き教室で充電しながらずっとモンスターを狩るゲームをやってた。もう何しに予備校来てるんかわからんくらいずっと。当時めちゃくちゃ流行ってて、俺も相当ハマってた。

ただ模試の時だけは、カンニングをしてたからちょっと成績が良かった。

当時、別会場なんかで先に模試を受験した人がその解答のネタバレをネット掲示板にあげてて、俺は答えを全部じゃなくて、英語の選択問題だけなんかを丸ごと筆箱に写して、その通りに回答してたからそこだけ異常に成績がよかった。

そんなことしても何の意味もないことはわかってたけど、シンプルに見栄を張りたかった。

俺は予備校でも馴染めてなくて、何組か自分が入っていない仲良しグループみたいなのがある中で、そのグループの奴らにたまに絡まれて、模試の点数を聞かれることがあったから、その時にかっこつけたかったんやな。
でもネット掲示板で答えをカンニングできない、その予備校だけでやっている試験を受ける時にすぐにズルしてたってのはバレた。

授業態度が悪かったのも、予備校の先生には全部バレてて、結局受験は散々な結果で落ちまくってた時には、先生もやっぱりなって感じやった。
どこもかしこも落ちまくって一月二月には精神病んじゃって、願書を書くこともできなくなっちゃって、父親がやってくれた。寝坊した時は父親に会場に連れていってもらったこともある。
母親とかも入試の結果の通知が家に郵送でくるけど、俺が落ちすぎて、落ちてる時は中身が薄いことを覚え、中身を見ずに落ちてるか受かってるかがわかるようになってた。（受かった時の郵送は受け取ったことがなかったけど）
色んな受験の方式で最後の時期まで受験してたんやけど、全部落ちてニートになろうかどうかというところで、ある大学の入学式一週間前、ほとんど最後のチャンスやったんやと思うんやけどセンター利用で合格した。（ちなみに封筒は薄かった）まず受かったことの安心感を一番に感じた。

選択肢が生まれたことに安堵してた。

大学に行けば、今まで不登校やったこととか、通信制高校に行ってたこととか、そういうコンプレックスは取っ払えるんじゃないかっていう期待もあった。

ただ、俺は勉強してなかったくせに、理想だけは高かったから受かりはしたけど、ここに通ったからといって何か変わるのかな（もっと偏差値の高いところに進学した方がいいんじゃないか）ってちょっと不安にもなったけど、親が許してくれるなら進学したかった。

結果から言うと、両親は凄い喜んでくれて、学費は払ったるから行けばいいって言ってくれた。

それにその大学は家から遠くて、下宿もさせてもらえるだろうなという目論見もあった。

一人暮らしもしてみたかった。
俺はこうして、その大学に進学することを決めた。

人に作らせて
搾取するんが
一番なんですわあ……

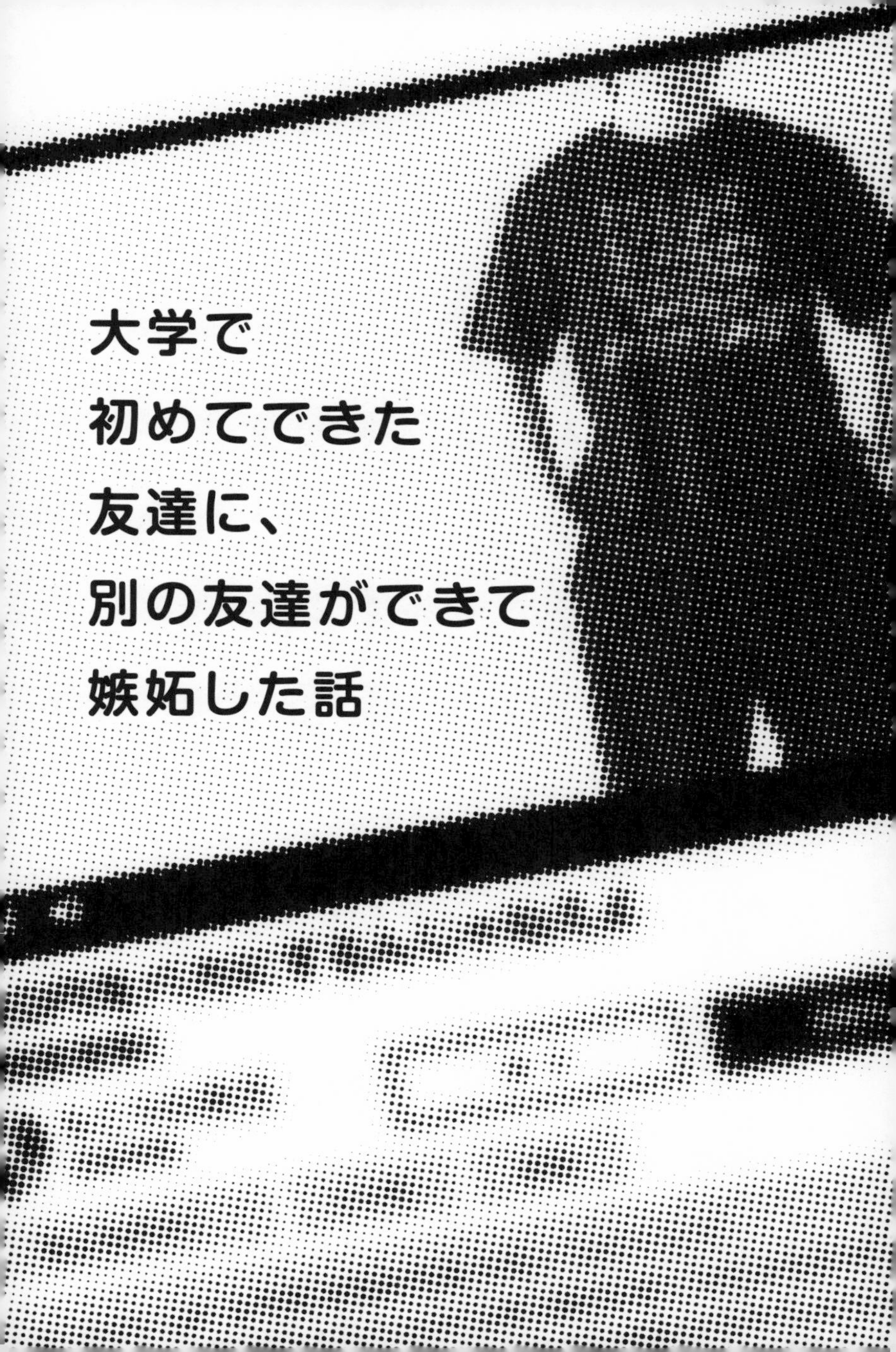

大学で
初めてできた
友達に、
別の友達ができて
嫉妬した話

大学に入学して最初、いかにも大学らしい講堂でシラバスみたいなんを広げながら、なんかの説明を後ろの方で受けてて、そこで、その後大学四年間仲の良かったO君と出会った。

もちろん俺には大学に知り合いなんておらんかったから、友達がいないのが心細かったし、大学内でもずっと緊張してた。

しかも下宿を始めたばかりで家でも一人やったから孤独感がすごかった。

だから誰か味方みたいなんがほしくて、そん時、初めて人に話しかける勇気が湧いてきたんや。

そう。なんと俺は自分からO君に話しかけたのだ。

躊躇いはもちろんあったけど、ただO君は雰囲気的に陰キャっぽくて、自分に似た空気を感じたからまだ抵抗が少なかった。

話しかけてみたら案の定自分と似たような感じでO君も友達いない風。

こいつも俺以外友達おらんやろと安心してた。

でも違った。

なんとO君には俺以外にも友達がいた。


一年の時はクラスみたいなものがあって、俺とO君はクラスが違った。

ある日、新しく受講する授業一緒に受けるかってなった時、O君は俺の知らない奴を連れてきたのだ。

それがO君と同じクラスにいた友達。

同類だと思ってたのにショックやった。

同じ場所にいると思ってたら、O君は俺よりちょっと先に行ってた。

O君の友達とは正直若干気まずかった。何喋っていいかもあんまりわからない感じ。いかにも友達の友達みたいな感じやった。

ただ、気まずさはあれどその後も授業を一緒に受ける流れになってしまい……。

それから俺はずっと気まずさを抱えながらこの授業を受けていた。

二人の会話に上手く入っていけないみたいな。俺だけちょっと疎外感があった。

二人が楽しそうに話しているのを俺は見てるだけ。

O君の友達に対してちょっと嫉妬もあった。
俺のO君がとられちゃうみたいな危機感もあった。
そして俺は決意した。
もっと友達を作ろう、と。

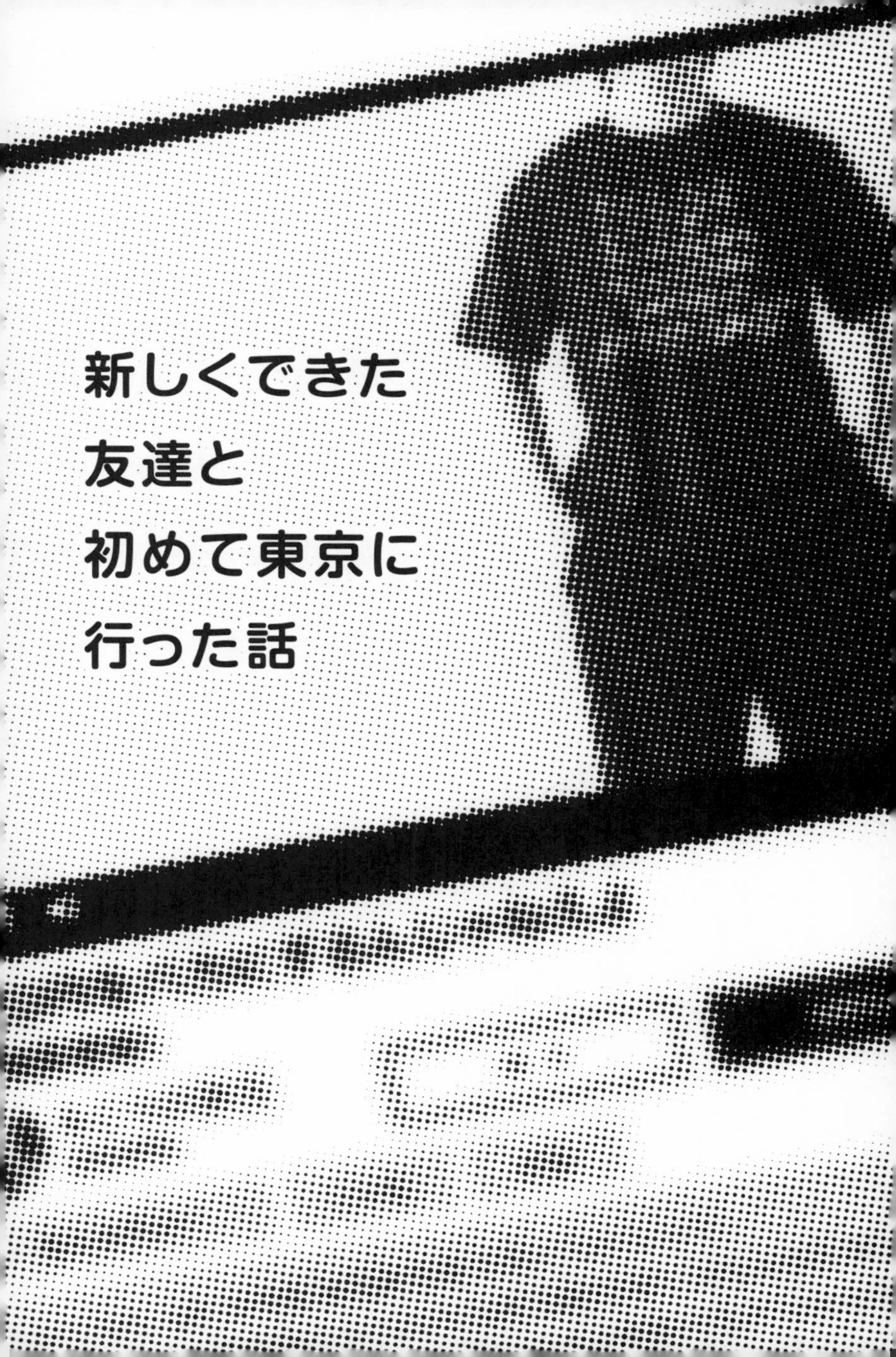

新しくできた
友達と
初めて東京に
行った話

そういう訳で、もう一人くらい頑張って声をかけた人がいた。

彼は同じクラスで、ネットが好きな俗にいうオタク。当時にしては珍しくボカロも好きで、一緒にいてすごく楽しいとかではないけど、共通の趣味を持っている部分で友達になった。

そして彼と大学一年の冬にコミケに行こうという話になる。

これが俺の初めての上京やった。


金もなかったから夜行バスで行ったんやけど、全然寝れんかった。

東京についたら二人で飯とか食いながら、カプセルホテルに入れる時間ギリギリまで飲食店で粘って、時間が来たらカプセルホテルに入って各自即行寝た。

朝二人で起きて、大森駅から国際展示場。現地ついたら各々見たいものを見る。別に一緒に回る感じではなかった。結局金ケチってコミケではそんなになんも買えんかったけど。よくわかんないコースターとポスター、同人誌を買ったくらい。


そして帰りに合流して、俺たちはあることに気づいてしまった。

なんと、帰りの便を一切考えていなかったのだ。
バスはもう予約をとれそうになかったので、新幹線で帰ることに。でも空いてる席も少なくてしゃあないから喫煙席に。(今はないけど、当時はあった)
吸いもしいひんのに煙草の煙を浴びて、コミケを周って疲れ果ててるし、最後の方はお互い特に会話もなく黙って帰った。
その後も交友関係も頑張って増やそうとしてたけど、結局ちゃんとできた友達はその二人くらいだけや。

全てを己が満足するまで
荒らしまくるがいい

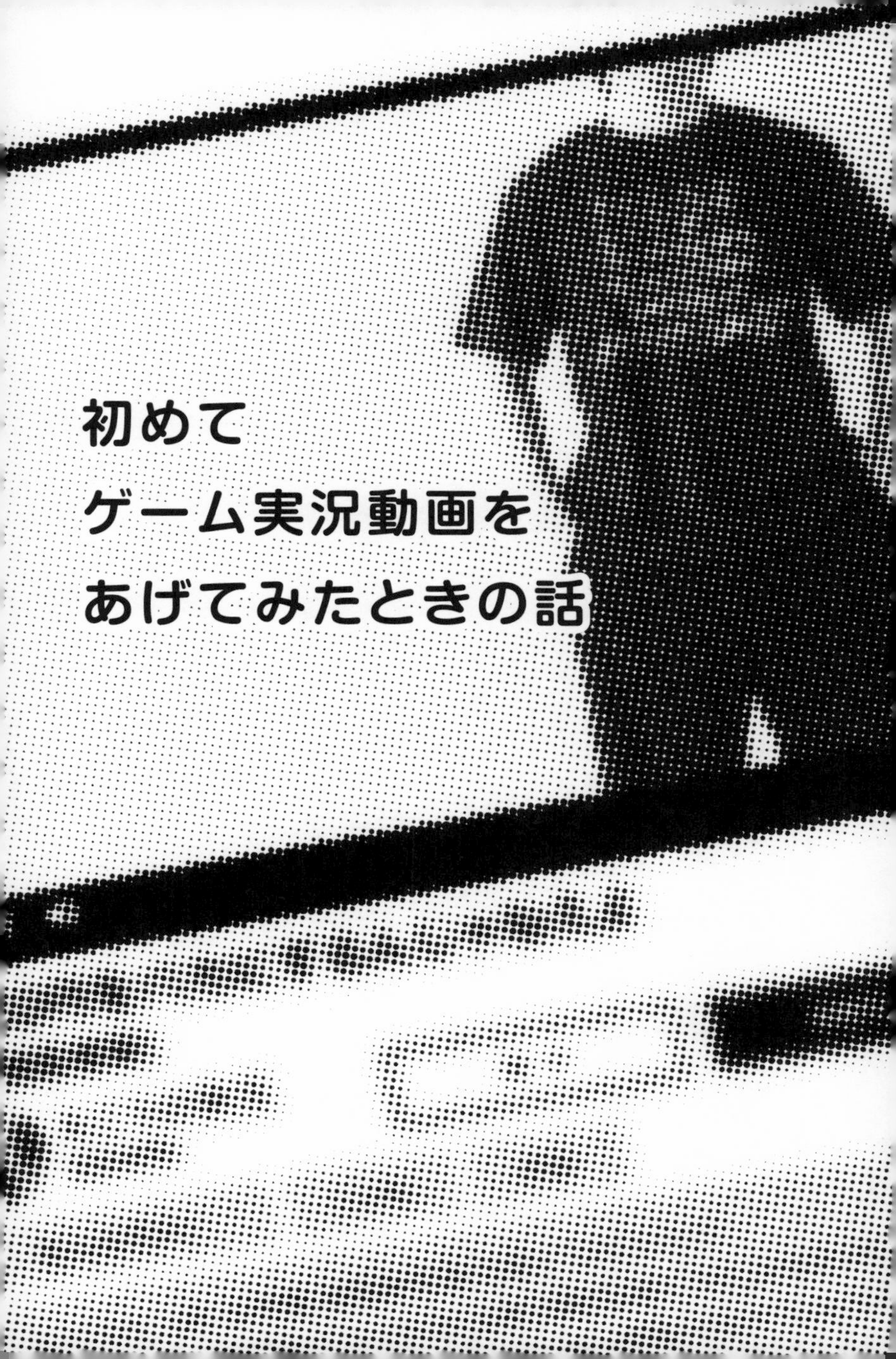

初めて
ゲーム実況動画を
あげてみたときの話

あれは大学に入学して一ヶ月二ヶ月くらいのことやったと思う。
俺は初めてゲーム実況動画を上げた。

自分で上げてみようと思ったのは、当時いろんな実況を見るうちに、俺の方が面白いんじゃないかと思うことがあったから。
ゲーム実況をネタに寄せる方向でやっている人はおらんかったし、そういう方向なら自分でも出来るんじゃないかと思った。
ネット対戦型ゲームでビッグマウスを言っといて負けちゃう、そんなスタイルでやってみてもいいかななんて考えてたんやと思う。

初めて動画を上げたのは深夜一時くらいやったかな。

ただ、次の日俺はめちゃくちゃ寝坊して動画どころじゃなく慌てて大学に行ってた。ほんでPCを使う授業で、そういえばあの動画どうなったんや？　と思い出して確認してみたら、びっくり。

思いのほか反響があったんや。

最初に思ったのは、嬉しかったのは間違いない。

一方でやっちゃったみたいな感覚もあった。

取り返しのつかないことをしたんじゃないか、そんな風に思った。

中学時代にネットラジオをやってたこともあったけど、それ以上に一線を超えちゃった不思議な感覚。


今はもう、もこうとしてほとんど生きてるから慣れちゃったしあんまり感じることはないけど、この時が一番最初に一線を超えちゃった感じがした。

これが俺のもこうとしての人生の始まりや。

これが王の豪運です

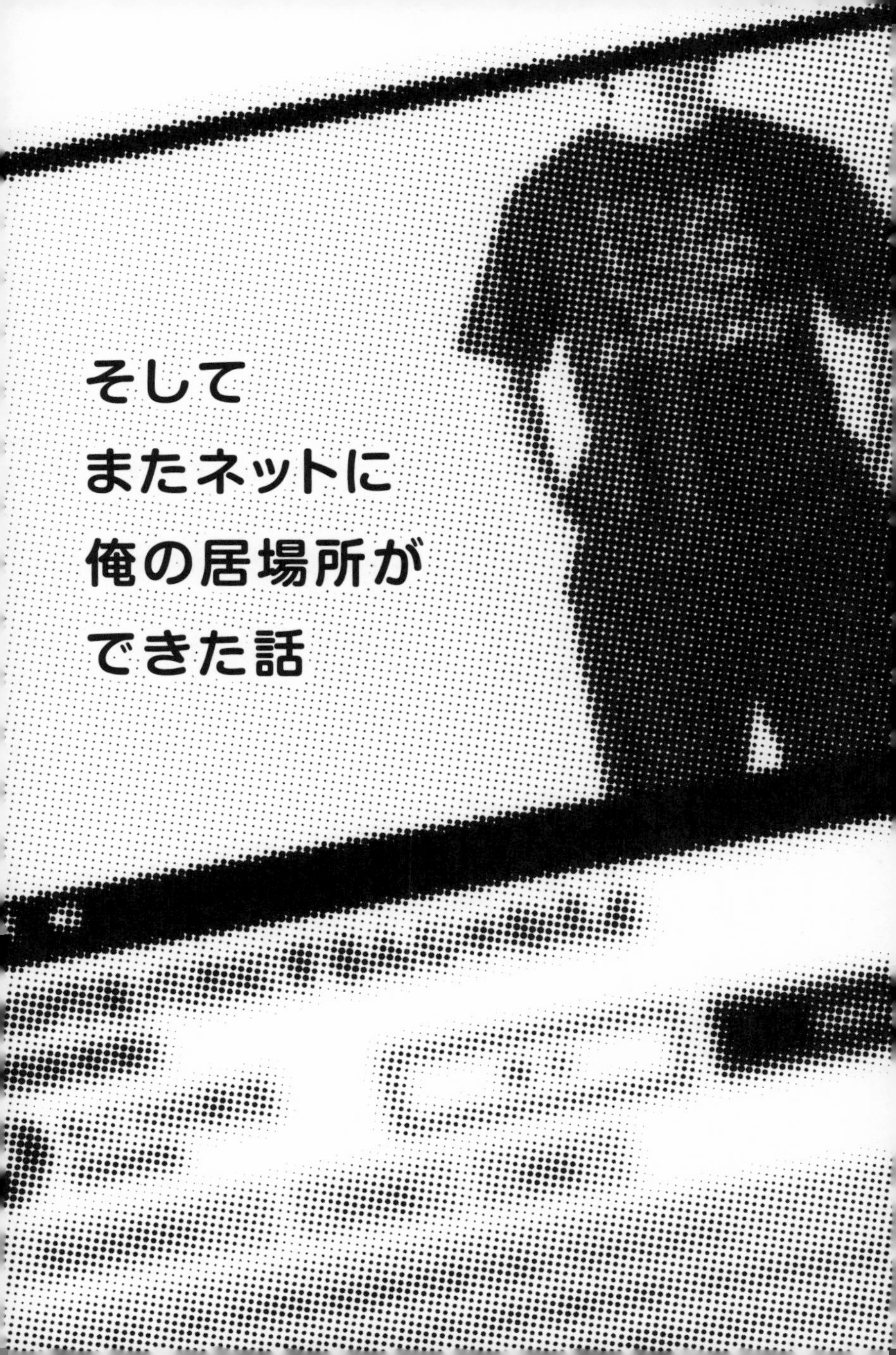

そして
またネットに
俺の居場所が
できた話

俺の通ってた大学は中退する奴が多かった。

O君のクラスでの友達もいつの間にかいなくなってて、後から聞いたら二年の初めに中退してたらしい。

その頃くらいには大学で充実した生活を送んなくていいや、って思えるようになってた。

授業も一人で受けれるし、ぼっちでもいい。

大学の授業中に動画のネタを考えてるくらいやったわ。


それはやっぱりネットのおかげ。

動画配信でいろんな人に認知されて。存在意義、居場所を見つけたんや。精神的な居場所みたいなものがあるかないかってやっぱり大きいと思う。


俺には動画配信があると思うと、リア充になりたいってのはなくなってきた。

なんなら、リアルが充実してなければしてないほど、動画のネタになっていいとさえ思ってたし、実際に動画の中で大学での話もしてた。

非リアエピソードトーク、非リアの営業みたいなやつやな。友達がいないとか、言った方が親近感が出ていいんやなっていうのもなんとなくわかってた。

それが本当にコンプレックスな時って、人に自慢したりしなかったし、できなかった。

でも、いつの間にか俺にとってそれはネタに出来るくらいには人に言えるようなことになってたんやな。

こうして、俺はまたネットに自分の居場所を見つけ、リアルから切断した。

引き分けは俺の勝ち

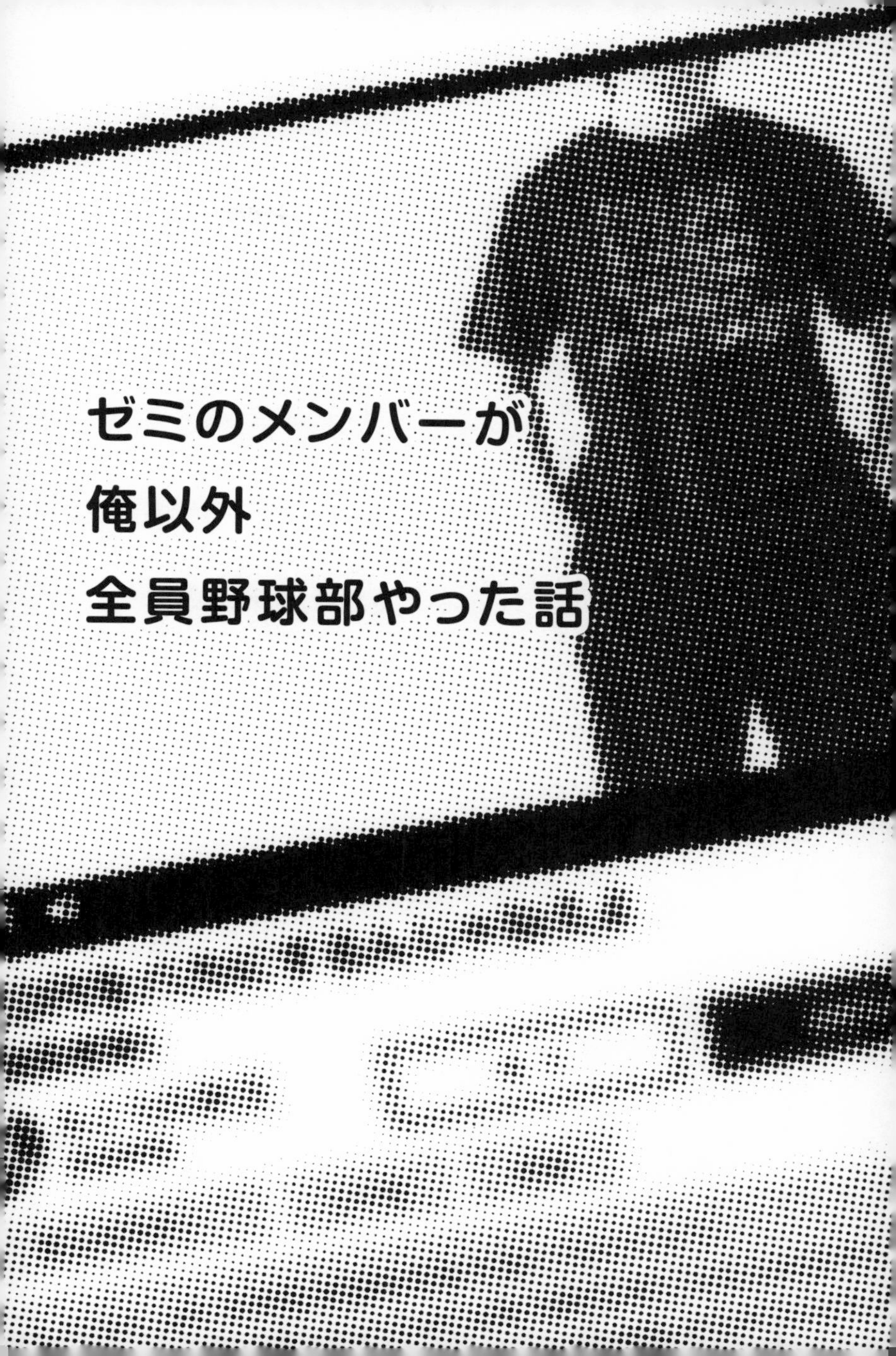

ゼミのメンバーが
俺以外
全員野球部やった話

俺の大学はスポーツが強く、結構イケイケの怖い奴が多かった。

スポーツやってない俺みたいな奴に人権はなくて、一回、運動部にいじられたりしたこともある。

必修科目の授業で受講者が多めの人数の時、ヤンキーにいきなり爪切り渡されて、

「これで爪切れよ」みたいなことを言われた。

俺の困っているとこが見たかったんやと思うけど、俺が実際に爪を切ってやったらドン引きしてた。


でもそんなのは序の口で、一番きつかったのが二回生の時や。

なんと、入ったゼミのメンバーが、自分以外全員野球部やった。

初めてゼミにいった時に部屋入った瞬間、絶望した。

まず部屋の中が汗臭い。

端っこの方に野球の道具が山積み。

そして部屋の中にいる皆が丸刈りやった。

これがこれから一年。

そう思うと絶望したし、実際に地獄やった。


先生も陽キャみたいな感じで野球部の人たちと先生は仲がよかった。

野球部のヤンキーたちが先生を呼び捨てで呼んだりして、

「これいつまでに出せばいい？」

「適当でいいよー」

みたいな、友達みたいな感じやった。

その中に俺みたいな陰キャが混じってしまったのだ。

ゼミの度に俺はじっと終わるのを待つばかり。

野球部の人たちともほとんどしゃべった記憶もない。向こうも俺のことを腫れ物のように扱って、こっちに何かを言ってくることもなかった。

本当に空気だった。

ひたすら早く終わってほしかった。

一回、野球部の試合かなんかがゼミに重なったことがあって、そうなると俺以外全員野球部やから、必然的にゼミに参加出来るのは俺だけで一人でゼミを受けた。

先生とマンツーマンや。

やけど先生もこいつに何を言うんやって態度で、明らかにいつもよりテンションが低くてシンプルに悲しかった。

俺は毎回真面目に行ってんのに、先生にすら邪険に扱われる。

ショックやった。

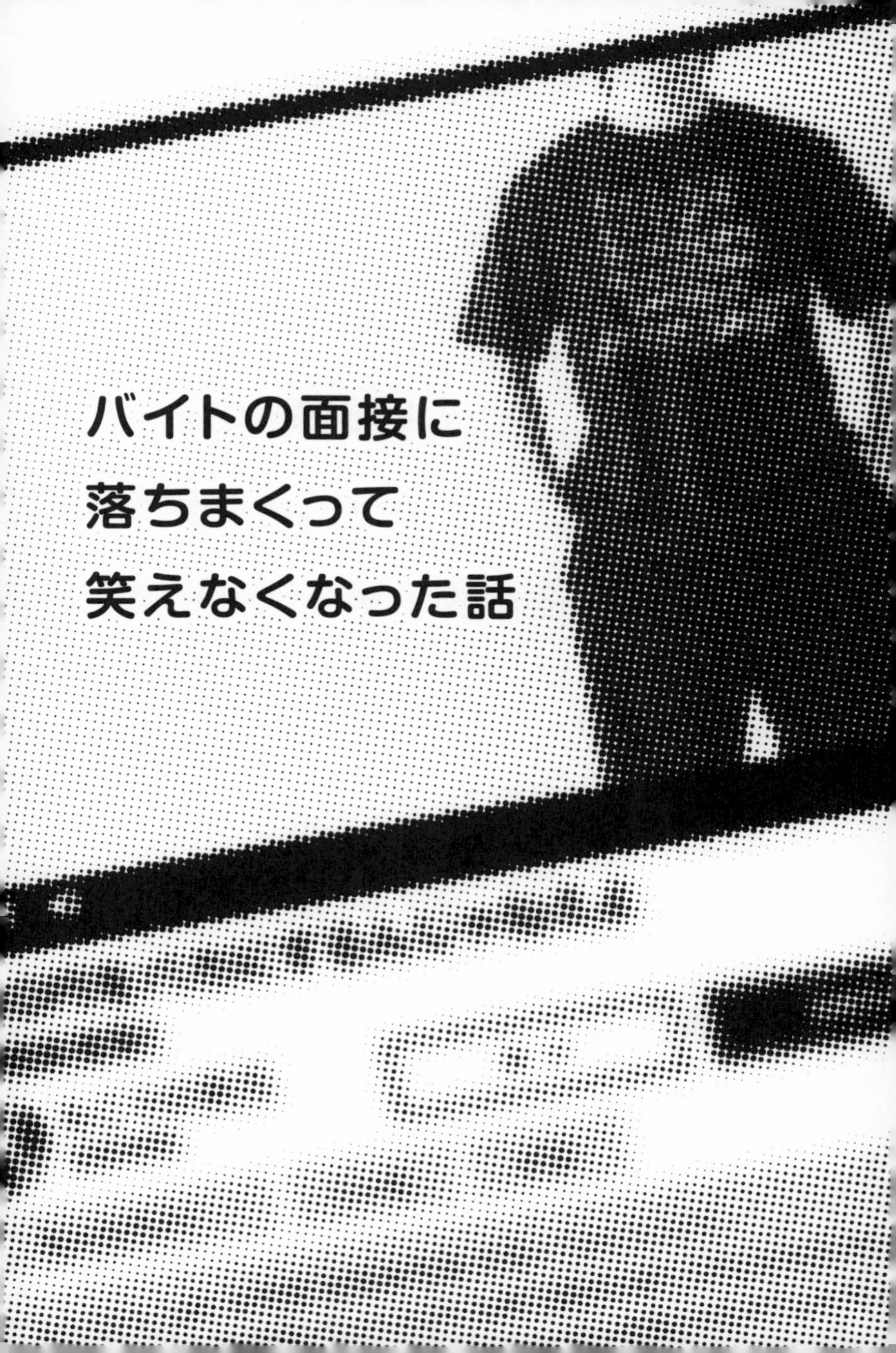

バイトの面接に落ちまくって笑えなくなった話

大学二年になって、アルバイトをしてみようと思った。

一年の時はアパートの家賃とケータイ代は親に払ってもらってて、後はたまにもらえる小遣いと俺のお年玉とかの貯金（当時はネットの収入もなかった）でめちゃくちゃ切り詰めて節約して暮らしてた。お米とか自分で炊いてたし、スーパーの特売日に食材を買って、カレーを作り置きしてた。

パスタとかも、業務スーパーでアホみたいにでかいやつを買ってた。

だから、バイトをしようと思ったのは、まず何よりお金がほしかったから。

大学生活に慣れてきてちょっと余裕が出来てきたのもある。

それにバイトを経験しといた方が、就活の時とかも言えそうでいいなと思ったし、とりあえず一回やってみようと考えたんや。

高校時代に郵便局の短期アルバイトをしてたことはあったけど、長いスパンでどっかに所属して働くのは初めてで、アルバイトの面接もこの時が初めてやったはずや。

ただ、俺はとにかく面接に落ちまくった。

コンビニ、居酒屋、ドラッグストア、パチンコ、牛丼屋、フードコートのラーメン屋、百均。

軒並みかたっぱしから受けたのに、全部落ちた。

バイトの面接自体はそんな複雑なものじゃなくてどのくらい出勤出来るか。大学では何をしてるか。いつから行けるか。みたいな誰でも答えられることが主に聞かれるだけ。

で、いつもこれ受かったなと思ってたのに全部普通に落ちてた。

就職活動と違って基本お金目当てで、向こうも出勤どのくらい出来るかみたいなとこしか聞いてこうへんし、そこは問題なかったはずやのにめちゃくちゃ落ちた。

単純に上手く喋れてなかったり、コミュニケーション能力みたいなところを見られたんやと思う。

それに当時の自分は身だしなみがひどかった。

服装も小学生から使ってたズボンをそのまま着てたし、髪の毛もとにかく安いところで切っててぼさぼさ。

見た目からあかんかった。

あと歯並びが超わるかった。

前歯が地面と平行に生えてたし、単純に今より口周りが不細工だった。


しかも、そのことに気づいたら気づいたで、今度は人前で笑うのが無理になってもうて、もっと面接がうまくいかんくなって最悪の悪循環にどんどんはまっていった。

バイトの面接があまりにも落ちるもんやから、歯列矯正を始めたくらいや。


そして、落ちまくった末に、ある飲食店の面接から一週間くらい経ってから、なんと採用の連絡がきた。

でも、多分そこも最初は落ちる予定やったと思う。受かってたら基本すぐ連絡は来るはず。だから、もし自分が普通に受かってたんやったら一週間も待たされるとは思えへんかった。

きっともともと採用しようとしてた人があかんくて、それで補欠で俺に合格がきたって感じやと思う。

電話がかかってきた時も、薄々それはわかってたけど、単純に受かって嬉しくて、ようやくちょっと安心できた。

舐めてんじゃねえぞゴラァ！

ようやく受かった
バイト先で
ハブられた話

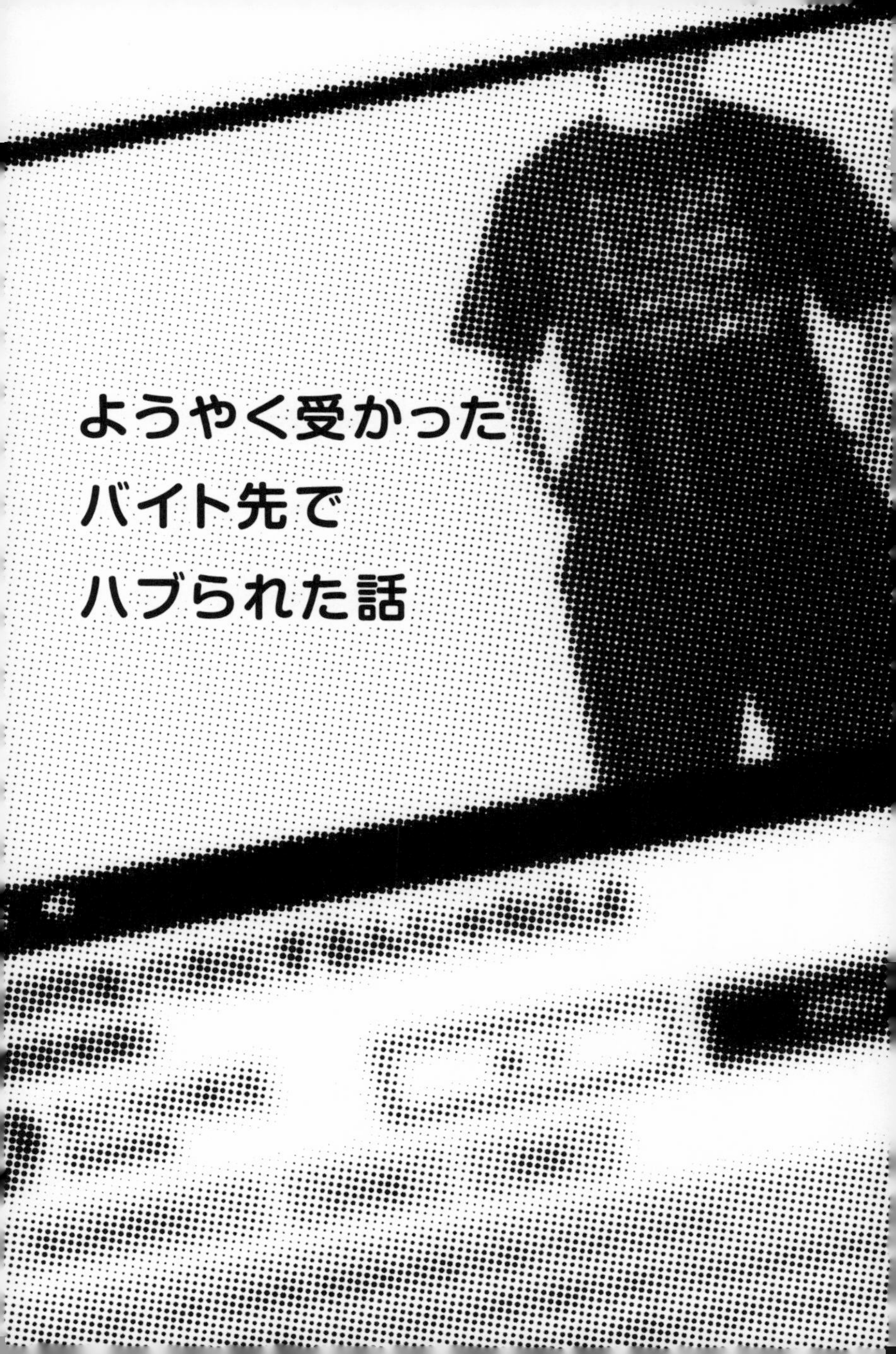

ようやく受かったバイト先の飲食店では、他の大学の学生が多かった。
自分と同い年みたいな人がいっぱいいて、やっぱり俺はすごい人見知りしてしまう。

そのバイト先で俺が任されたのが、ホールでもキッチンでもない中間の仕事をするクローズという役割やった。

店締めの準備をしつつ、デザートを作ったり、キッチンの人が食器を洗いやすいように廃棄する料理を捨てて食器を重ねておいたり、そういう雑務をこなしながら、お店を締めるための仕事を進めていくのがクローズの仕事。(やったはず)

翌日の仕込みとしてプリンをつくったり、お客さんに出すアイスを元々入っている容器からアイスディッシャーでくりぬいて皿の上にのっけたりもしてた。

そのアイスがまた固くて、最初めちゃくちゃ苦戦してた。(アイスをくりぬいた状態で冷凍庫に入れておいて、注文が入ったらそれをすぐに出すんや)

めちゃくちゃ不格好なアイスを出して、ホールの人にいつもめちゃくちゃ怒られてた。ちょっとでも削りやすいように上の部分だけ溶かしといたり、自分なりに工夫をしてたけどあんまりうまくいかんかった。

仕事もそんな感じやったし、バイト内の人間関係も自分があんま積極的にコミュニケーション取らんかったんもあるけど、決してよくなかった。

歓迎会とかも特になく、あんまり仲がいい人も出来ず。

俺は腫れ物みたいな扱いやった。

優しくしてくれる人もいたけど、ある意味それも腫れ物であることの裏返しやったんやと思う。


印象的やったんが、最初練習なしでいちごパフェ作らされた。

「やったことないんで無理です」て言ったら半ギレされたから、

「じゃあやります」って言ったら、またキレられた。

それでわからんながらに作ってみたんやけど、イチゴを入れるのを忘れててキレられた。

「練習させて下さい」って言ったら、バイト代もったいないから無理って言われて、その時は俺いらんのかなってショックやった。

ただ、俺も結構悪いとこがあって、廃棄になったプリンとかをこっそり食ったりしてた。

キッチン周辺の陰とかで隠れて食ってたんや。

なんでそんなことをしてしまったかって言うと、そのバイト先がわりとサビ残が多いところで、それをさせられているのが悔しくて。社会に対する反骨心みたいな気持ちでやってしまってたんや。

今思うと、ちょっと腫れ物みたいな感じになったのは、それを見られてからやった気もする。

まあ、でも何より俺が全く仕事ができひんかったことが、馴染めなかった理由として一番大きかったと思う。出勤時間とかはちゃんと守ってたんやけど、仕事できひんくて、それがまたみじめで辛かったし、それでますます他のバイトメンバーと話しにくくもなった。

具体的にはわかりやすいとこで言うと、グラス割ったりとかも結構してた。

お盆載っける台車みたいなんがあったんやけど、あれがまたこうタイヤが全然動かへんねん。結構力を入れな動かんくて、だからって、思いっきり力を入れたら、力の加減を間違えてワゴン上に載ってた全部の食器を落として割ってしまったこともある。

そういうミスがいっぱいあって、あっという間に仕事できないキャラが定着してしまったし、もう払拭するつもりも、出来る気もしなかった。

そもそも、俺はそのポジションで一人先輩が辞めるってのでその代わりに採用されたんやけど、俺があまりに仕事できひんから、その辞めた先輩がヘルプで招集されることもあった。

屈辱やろ。

仕事が出来な過ぎて、俺は申し訳なさで余計に委縮しちゃって、ますます仕事がうまくいかんくなった。

冒頭のボウリング事件があったのもこの頃の話や。

このバイトがしんどすぎて、バイトがあんのに一回実家に帰って無断欠勤したことがある。

バイトあるってのはわかってたけど、電話かかってきたら謝ればいいかと思って無断欠勤をした。

案の定、バイトが始まるくらいの時間に電話がかかってきて、「体調悪いんでいけないです」って言ったら、「殺すぞ」ってブチギレられた。

俺はバイトを辞めることにした。


でも辞めるっていうのもまた勇気が必要で、そんなこと直接は言えんかった。

だから、俺は徐々にフェードアウトしていくことを企んだんや。

シフトを決める日に休んだりして、うやむやにして消え去ろうってな。

今と違ってラインとかもないから、徐々にフェードアウト出来ると思った。

そしてそれを実行し、シフトが決まってへん状態で行かんくなったら、向こうからも連絡が来ることはなかった。

結局ちゃんと辞めるとは言ってないけど、俺はそうやってバイトを辞めることに成功した。

ただ、俺はいやしかったから、バックレたけど、働いた分の給料はほしかった。まだもらってない分の給料はどうなるんやろうと思って調べたら、どうやら支払われるべきものらしい。

都合のいい話やけど、俺は支払われなかったら、出るとこ出るかと思ってた。けど、給料はちゃんと振りこまれていたのだ。

それで無事にそのバイト先とは縁が切れた。

全部で四ヶ月働いていたけど、プライベートでもその店に行くことは二度となかった。

キレなきゃむしろ人間じゃねえ

スーパーのバイトでモテた話

そんな俺だが、時間を空けてまた別のバイト先で働いてみようと思うようになった。今度、面接を受けることにしたのは、家から自転車で二、三十分くらいのスーパーやった。

面接の手ごたえも悪くなく、なんと今回は受けてすぐに合格の連絡が来た。

初出勤の日から、働いている人も皆優しそうに見えて、ここなら長続きしそうやなってちょっと安心できたのを覚えてる。

実際、そこではわりとかなり人間関係も良好やった。

ちょっと萎えたのが、レジ打ちのレクチャーの時に教えてくれてたおばちゃんに「ニンニクくさい」って指摘されたこと。

「馬場君ニンニク好きでしょ」

突然おばちゃんにそう言われてびっくりした。

だって、実際ペペロンチーノを毎日のように食ってたから。

「なんでわかったんですか?」って聞いたら、

「だってニンニクくさいから」って言われた。

「接客業では食べないようにしてるから」と軽く怒られ、俺は笑ってごまかしたけどかなり萎えた。

そんなこんなもありつつ、そういうレクチャーとかも済んで実務に入ったけど、わりと上手くいってた。

レジ打ちの仕事は個人技なので、人とそんなコミュニケーションを取らなくてよかったのも自分に合ってたと思う。

隣のレジを打ってる女の子とたまに会話したりと楽しかった。


ただもちろん怒られたこともあって、ある日アルバイトの女子高生が当日これなくなっちゃって、その子の代わりに入ってあげたことがあった。

行けますって言ったんやけど、俺は遅刻しちゃった。

けど、俺は特に謝ることもなく、むしろ来てやったんやから感謝しろよくらいの感じでレジに入っていったら、チーフに呼び出されて説教されたのだ。

俺は納得できなかった。

だって、そもそも来なくていいところを代わりに来てやってるんやから、遅刻くらいいやろと。

むしろ本来来れなかったところを来てやってるんやくらいの勢いや。

そしたら、すごい今でも印象に残ってるんやけど、

「謝りたくない気持ちはわかるけど、そこで思ってなくてもひと言周りに言えるのが社会人だよ」って言われた。

「そこで働き続ける限り居心地は悪くない方が、周りの人とうまく付き合っていくために自分にとってもいいでしょ？　思っていなくても礼儀として謝ればそれでいいんやから」

その話を聞いて、ちゃんと納得はしたからその後で謝った。

俺の反骨心を理解したうえで、助言をしてくれたのが嬉しかったのだ。


あとは普通に惣菜を間違ってレジ打っちゃった時に怒られた。

確かコロッケとメンチカツを間違えたんや。

コロッケをメンチカツで通してしまってお客さんから多めにお金を取ってしまって、店長が強面のおっちゃんやったんやけどめちゃくちゃ怒られた。

そんなこんなでいろいろあったけど、そのバイト先は歓迎会もしてくれたり、働いている人で鍋パーティーとかもしてたりとにかく仲が良くて居心地もよかった。

そして一番特筆すべきは、俺はこの時モテてた。(気がする)

大学生とパートの若い女の子に連絡先を聞かれたりもしてたし、めちゃくちゃ話しかけられたし、俺が辞める送別会の時に、「東京行ったらコミケ一緒にいって下さい」とか女の子に言われたりもしたんや。

俺の妄想かもしれんけど、俺が髪の毛切ったら毎回、切ったことに気づいてくれる子もいて、

「自分が一番最初に気づけて嬉しいです!」なんて言われたりしたこともあった気がする。

あの子は俺のこと好きやと思ってた。

し、なんならバイト先の女の子全員俺のこと好きやと思ってた。

それくらい皆ちゃんと俺に話しかけてくれて、円満な働きやすい職場やった。

偶然から必然への昇華となる

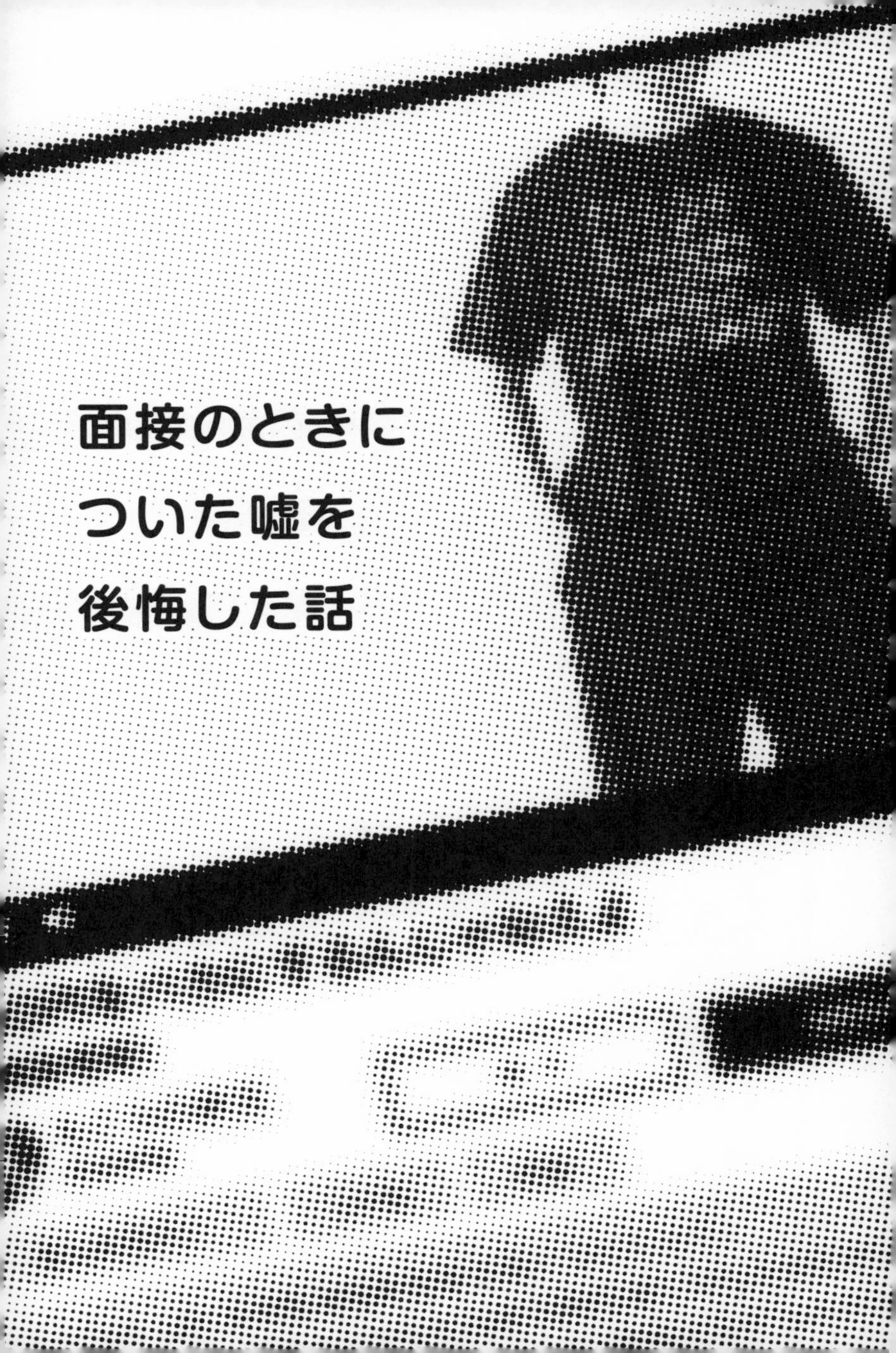

面接のときについた嘘を後悔した話

そんな最高のスーパーのバイト先やったけれど、辞める時に一つ問題があった。

そもその問題は面接の時、俺が大学の学年を偽っていたこと。

本当は三年生だったけど、それを言うと採用されないと思った。

三年生は一年で就活が来ちゃうし、そうなると辞めたりする人も多いから採用されない気がして、俺は一回留年してるって嘘ついて、二年生ってことにしたのだ。

本当はもちろん俺は三年生で、四年生になったら授業もほとんどないから下宿引き払って実家に戻って就活をするつもりやった。し、実際それが理由で俺は辞めることにしたんやけど、それを言っちゃうと面接の時に言ったことと矛盾するから言えないという問題が発生してしまった。

困った……。何と言って辞めればいいんだろう……。

迷った末に俺は、遠くの美大に編入するという嘘をついた。

今まで仲良くしてくれた人たちに、嘘をつくのは胸が痛かった。

しかも、その後の送別会もしてくれたり、最後まで良くしてくれたからこそ余計に悲しかったけど、最後まで貫いた。

今でも、俺が美大に行ったって思ってる人は思ってると思う。

人を傷つけるのって
こんなに
辛いんか……、
全部嘘です。

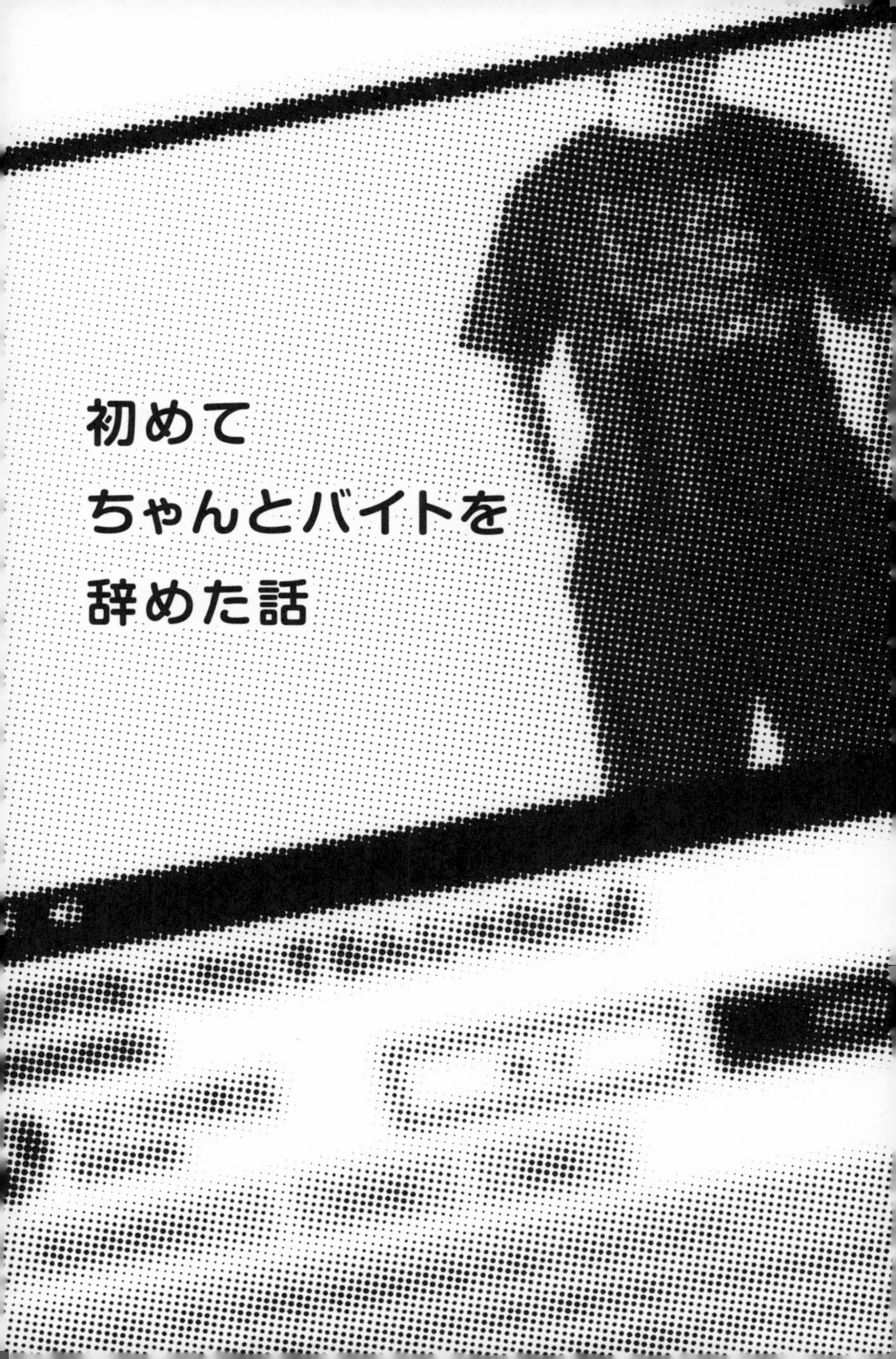

初めて
ちゃんとバイトを
辞めた話

大学四年の四月。

実家に帰ってから、直ぐ近くの小学生の頃からずっと行ってたホームセンターとビビンバ屋さんで一ヶ月くらいバイトとして働いていた。

スーパーのアルバイトを嘘ついて辞めて実家に戻ったあと、何故かまたバイトする気になって、面接受けたらなんと二個とも受かっちゃって、断るのも忍びないから、両方働くことにしたんや。

ただ、午前中ビビンバ、午後ホームセンターみたいな感じやったんやけど、両方とも店長と折り合いが合わずすぐに辞めてしまった。

まずはホームセンターの方。

タイムカードを通す前に着替えろっていうルールがあったんやけど、俺はそれが嫌やった。

着替える時間も労働時間じゃないのか？　そう思いませんか？

むかついていた俺は、無視して着替える前にタイムカード通してたらそれがバレて店長に怒られた。

それでも俺は通さないのは無理ですって反発してたら、目を付けられて。ことあるごとに店長が突っかかってくるようになった。

自分も人間性に問題があったから、店長の言うことをとにかく聞きたくなくて、何かにつけて反抗して、あえて髭をぼうぼうに生やしていったりとかして、自分で自分の居心地を悪くしてた。

そうすると、またいつもみたいに他のバイトメンバーとも上手くいかんくなって、俺がレジ打つの遅いから年下の女の子に怒られたりして、「もういいんで私がやります」とか言われたのは切なかった。

最終的にそこはバックレに近い形で辞めちゃった。

ビビンバの方は最初は上手くいってたけど、声が小さいみたいな理由でよく怒られてた。

そして、怒られているうちにまた反骨精神みたいなもんが育ってきて、接客態度とかがさらにどんどん悪くなっていった。

それにやっぱり俺はそもそも仕事ができなかった。

豚肉スンドゥブなのに豚肉を入れずにだしたこともある。

お客さんは気づかずに美味しかったたって言ってくれたけど、その時正直に言えなかった。

食器とかを洗う時も、ちょっと手を抜いちゃったり、細かいところを見られてよく怒られていた。

他にも、細かい部分だけどビビンバを提供する時に、ドリンクを追加で注文してもらえないか提案したりすべきところを俺はさぼったりとか。

それで怒られると余計にやりたくなくなって、もっとできなくなっていった。

ある日、店長に怒られすぎて、「もう一週間来なくていいから辞めるか、ちゃんとやるか休んで考え直してこい」と言われた。

俺はちゃんと一週間考えた。

そして考えた結果辞めることにした。

この時、俺は初めて、嘘もつかず、バックレもせず、ちゃんとバイトを辞めることを店長に申告するということをした。

営業中に勇気を振り絞って、大きい声で「お世話になりました！」って言って袋に制服を詰めて置いて逃げるように帰った。

めちゃくちゃ緊張したのは言うまでもない。

メモとってな画面の前で

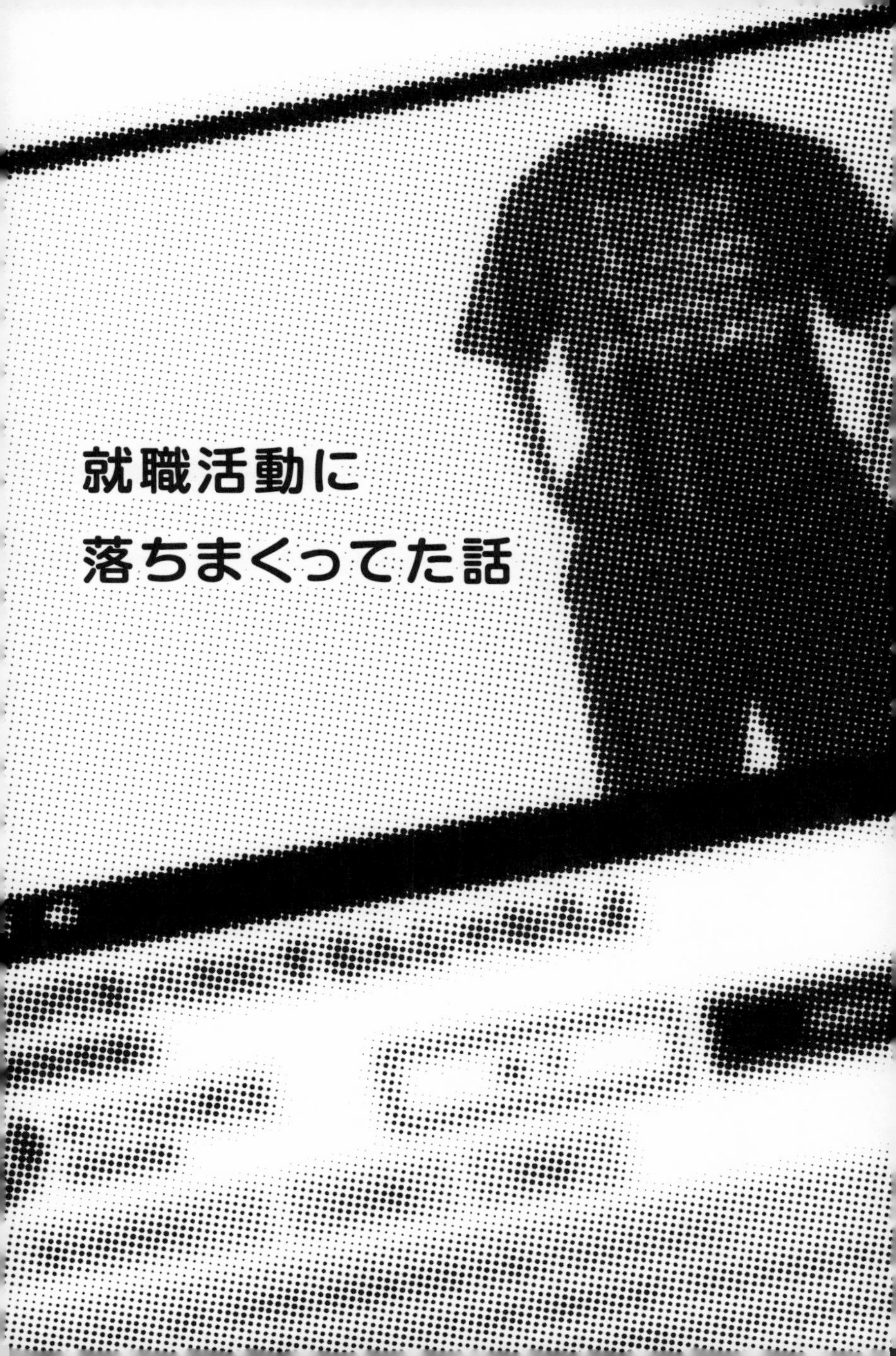

就職活動に落ちまくってた話

四年生になる直前くらいに、ネットで知り合った配信者さんとか、歌い手さんとかと何人かで東京で会う機会があった。

その時に見た世界に刺激を受けて、俺も東京に行きたいなって初めて思うようになったんや。

でもその頃は配信者としての収入があった訳じゃないし、東京に行くには、仕事を東京で探すのが一番やと思った。

就職活動の目的として、東京で暮らすっていう一個の意味みたいなものができたのがこの時やと思う。

そういう訳で、就職活動を始めたんやけど、結論から言うと全然あかんかった。

説明会とかは結構いったし、エントリーシートも出してたけど面接までですら行けへんかった。

SPIとかも全然できひんかったし、そこまで名前の売れた大学でもなかったからその手前の書類とかで全部落ちてた。

一回だけ説明会の後でグループディスカッションをすることがあったんやけど、

賢い大学の喋りも上手い奴らが場を回してて、俺は何かを主張することなんて全くなく、一言も発することなく終わった。

就活がそんな感じで上手くいかず、結構メンタルにもきて持病が再発して、そこで一回心が完全に折れた。

俺は下宿先も引き上げて当時実家に住んでいたから、また家にこもるように。

そっから、もうずっとネット見てニートでいいやって開き直り始めた。

切断だけは
何があってもするな！
切断は
一線を越えた行為だ！

開き直って
ハッタリ
かましまくってたら
内定出た話

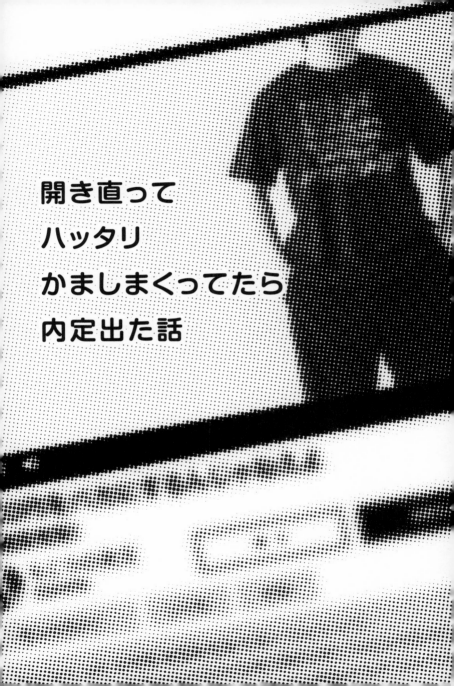

しばらく引きこもって、一月くらいになって俺はようやく危機感を覚え始めてきた。

体調も少し落ち着いてきたし、せっかくやしもう一回やってみるかと重い腰をあげることに。

ただ、四年生の一月ってもう就活はほとんど終わってるから、どうしたらいいんやろと思って近所のハローワークに行ってみた。

するとなんと新卒の人向けのラストチャンスがあるとのこと！

俺はベンチャー企業三社に面接をしてもらえることになった。

その三社の面接で俺は開き直ってハッタリをかましまくってた。
もう後がないからこそ、怖いものがなかったのがよかったのかもしれない。

そしてこれがウケにウケた。

内定なんて出てないのに、「内定四社出てて視野を広げるために面接を受けに来ました」とか、「俺新卒ですけど、一年目からかましますよ」って言ったり、後はネットの活動とかも話したりして、どこもすごく興味持ってもらえた。

結果としても三社受けて、なんとそのうちの二社から内定が出た。

俺はその二社のうち、より素で話せた会社の方に入社することに決めた。

俺の内定を親はめっちゃ喜んでくれた。

きっと半ば俺が就職することを諦めてたから、余計に嬉しかったんやと思う。

当時の自分は、病気にかかって不登校なってっていうので、落ちこぼれじゃないけど、そんな風に自分を思って人生を諦めていた。

ことあるごとに自分が病気であることを持ち出して、病気だからしょうがないという言い訳を常に自分に与えてた気がする。

どこまでいっても、俺はそれをずっと楯にしてた。

そういうのが癖になってたし、人生の岐路に立つ度にそういう自分が出てきてた。

そういう自分を両親はずっと見てきてたからこそ、就職することを諦めてたし、内定が出たことを喜んでくれたんやと思う。

それで東京での就職が決まって、父親に家探し手伝ってもらったり、先輩の配信者の人の家に泊めてもらったりもして準備を進め、ついに俺の東京での生活が始まった。

俺の
新卒初っ端の話

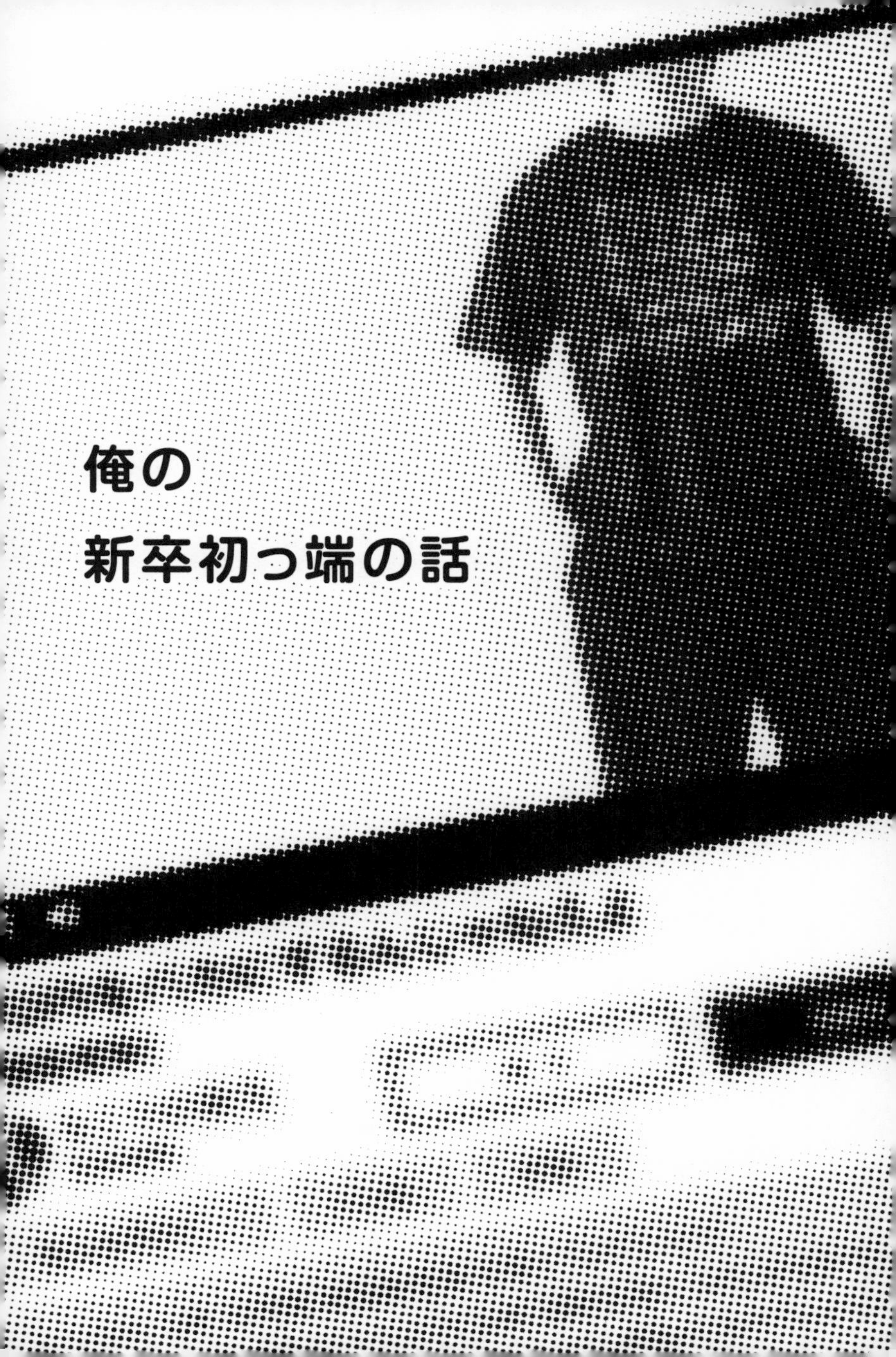

そして俺は社会人になった。

今、この本を読んでくれている人が入社してどのくらいかはわからんけど、入社してから、今もう辞めたいと思っている人もいるかもしれんと思う。あるいは、楽しいなと思っている人もいるかもしれん。

皆、実際に働いてみていろいろ感じられたことがあると思う。

今でこそＹｏｕＴｕｂｅで動画上げてニートしながら暮らしている俺やけれども、当時は二〇十三年新卒で東京のベンチャー企業入社して会社員をやってた。

そして、俺は入社して最初の一週間が経った時点で、まあ辞めたくてしかたなかった。

俺が入社したのは大手企業ではなく、ベンチャー企業、いわゆる中小やったから。その会社に新卒で入ったの俺一人だけやった。

初日はわりと皆に歓迎されて、花見してパエリアパーティーとかで温かく迎えてもらえたんやけど、二日目からいきなり実務を振られた。

確定拠出年金ていう年金の制度があって会社にそれを導入しようみたいな。

その窓口をお前やれみたいな感じでいきなり振られて、その瞬間頭が真っ白になった。

どないしたらいいんかと。

やり方がわからんくて、他の人に聞くにも質問するんも怖くて、迷惑かけんのも嫌やなと思って、とりあえず自分なりになんか話進めていきはした。

ただ、当たり前やけど、進捗は全然進まずに社長に、

「お前あれどうなってん」って言われて、

「すみませんなんも進んでません」っていって怒られる訳や。

これはだいたいよくあるパターンやと思う。

俺なんかしょっちゅう繰り返してしまってた。

周りの人に聞かずに自分一人で全部抱え込んで、自分で解決しようと思って結局できずにずっとパソコンの前に座って一日終わるみたいなことが良くあった。

それで、入って三日目か四日目くらいに、「新卒やからってうち余裕ないんやからお前甘えられると思うなよ」みたいな、社長にすごい言われた。

俺はそれで完全に委縮しちゃって、家帰ってずっと泣いて、もうどうしようかと

思って、ほんま辞めることばっか考えてた。

二週間くらい、最初の二週間くらいはずっと辞めることを考えてて、あの時は本当に辛かった。

さて、ここで社会人になって大事やなって思ったこと、俺が皆に伝えたい大事なことを三つくらい言いたいと思う。

まず一つ鈍感になること。鈍感って何かわかるか？　何も感じないこと。感情を失ったかのようにぼけーっと突っ立ってる。それが鈍感や。

鈍感力って多分、会社員なってから初めて聞くって人も出てくると思う。鈍感力って言葉ある種大事なんや。怒られるとか、相手の迷惑を考えたりとか、もうそういうのは気にしない。

自分が生き残るためやったら、鈍感にならなきゃまじ話にならない。

いちいち周りのこと気にして立ちまわってたらどんどん置いてかれるし、最終的に自分が切羽詰まっちゃって結局自分がしんどくなっちゃう。

だから鈍感力を鍛えようと思って、俺はパジャマで出社したことがある。パジャマでや。

というか、もはや寝起きのまんまやった。寝ぐせもぶわーってたったまんま。下がジャージで上がぼろぼろのTシャツ。

その会社私服出勤OKやったからまあいいかなとおもって。鈍感力見せつけるためにパジャマで出社した、そしたら当然社長に怒られた。

落ち込むやろ。でも、そしたら怒られることに馴れていくんや。怒られることに馴れる。そうすると、会社は従業員を不当な理由で解雇できない訳で、ちゃんと仕事さえやってれば身なりとか別にそんなんで首にはならへんから、だから怒られてもいいんや。

だから鈍感になる。これくそ大事や。絶対メモしとけ。

もう一個、多分上司から報連相大事やでとか言われると思うけど、こんなんいい。

報連相とか単語だけ覚えて実践できひん奴がほとんどやし、俺もそうやった。

ようは報連相がなんで必要かっていうのを実務通じて学んでいくしかないんや。

赤信号渡ったらあかんてこれなんでかわかるか？　赤ランプが点滅してるから渡ったらあかんのちゃうんや。車が通って事故って死んじゃうから渡ったらあかんのや。

何故それが必要かを自分自身で理解しないとそんなん覚えられる訳ないやろ？

報連相できていないって言われてもそんなことできませんって。

で、上司とか周りの先輩とかっていうのは実は自分のことを全然見てない。部下の進捗状況を確認するために報連相を押し付けているだけなんや。

だからそこは出来なくていい。怒られればいい。

そしたら、自分の報連相がないことで何故上司や先輩が困っているかがわかってくるようになる。

そこで初めて、だから必要なんだなとわかる。

そうなるとこういう風にしとけば自分も業務が円滑に進んで、ああ、これ確かに報連相って必要やなってなる、そういう風に徐々に覚えていくもんやから、報連相って単語だけ押しつけてくる奴は無視していいから、まじで。

てなかんじで俺が会社員やってて感じてたことなんやけど、鈍感力は大切、人に押し付けられる報連相はやらんでいい。この二つ覚えといて下さい。

そんな偉そうなこと言ってる自分は最初にはいった会社十ヶ月で辞めちゃったけど、そこで得た経験って活きてると思う。

それに、仕事が出来なくても、ちゃんと元気な姿勢というかつねにニコニコしてこいつやる気ないなと思われなければどっかで見てくれてる人がいて、かわいがってくれたりもした。

俺は次に入った会社ですごいいい上司に恵まれて、むしろ甘えすぎたなって思うこともあるけど、どっかで頑張る姿勢、元気な姿勢を見せることで、上司とか先輩がかわいがってくれると思う。

首になってもいいくらいの感じで、開き直って、怖気づかずに、これから皆には社会人生活臨んでいってほしいです。

入社したばっかりの人の中には（そうじゃなくても）正直もう辞めたいって思っ

ている人っていると思う。
俺もそうやった。
でもだんだん慣れてくる。
ほんまここまで長かったと思います。
ただこの期間積み重なっていったら、あっという間になっていく。
その中でどんどん成長していって、立派なニートになって下さい。

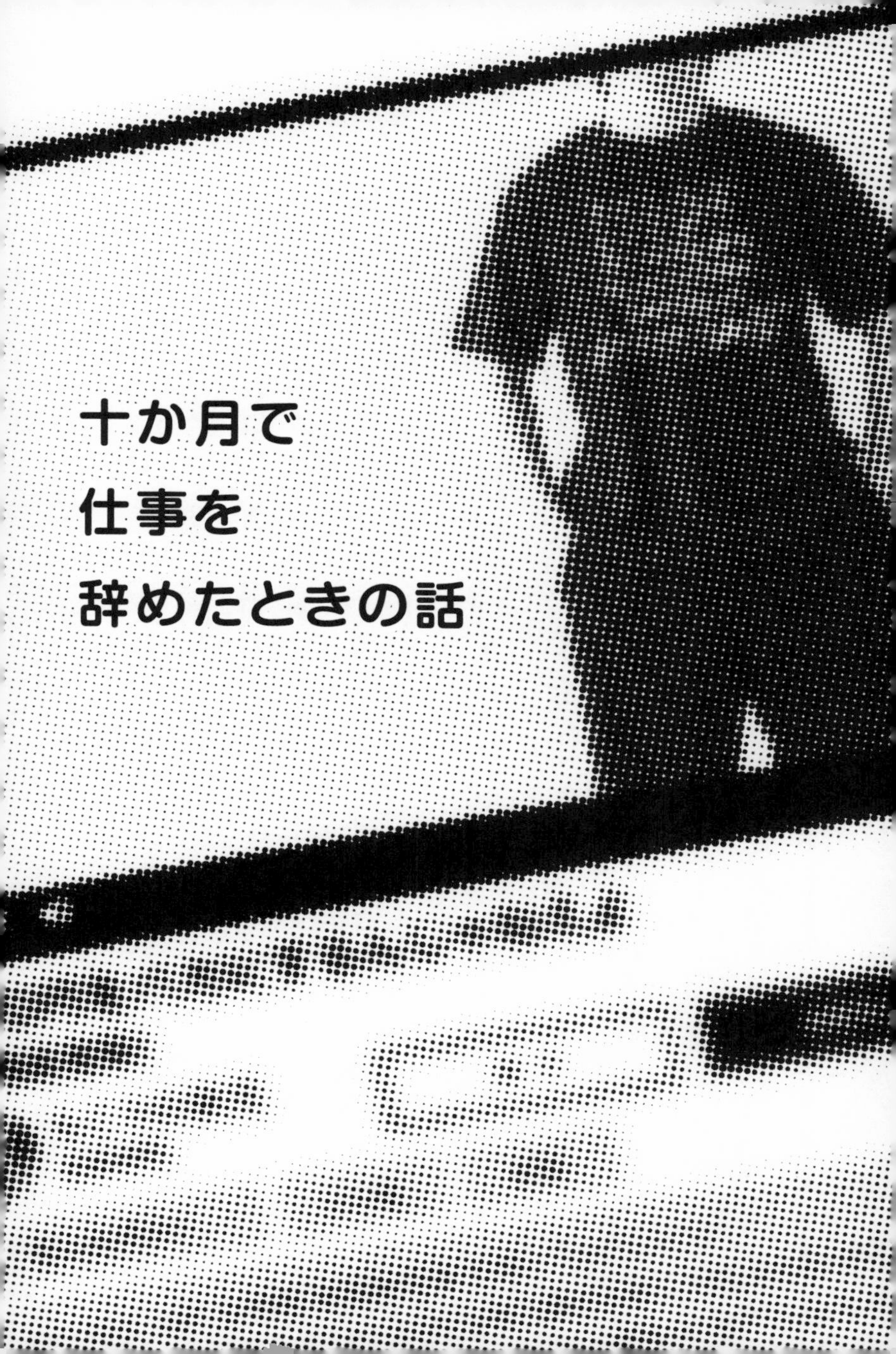

十か月で仕事を辞めたときの話

前の章で書いた通り、結局その職場は十ヶ月くらいで辞めてしまった。

辞めた理由は、自分がシステムエンジニア（として働いてました）として入った現場（お客さん先）のレベルがあまりに高かったから。

最初は比較的業務が簡単な部門にいたんやけど、サーバーの構築をする難しい部門に配属になって、まるでついていけなかった。

前任者の人が引継ぎ作業みたいなんでいろいろ教えてくれていて、その人は結婚で子供出来るとかで寿退社で、その人の代わりに俺が入ったんやけど、職場で求められるスキルが高すぎて、ついていけなくなって、とらなきゃいけない資格もとれず、直談判でもう無理ですって訴えたんや。

客先への常駐やったから、自分がそうなると会社の信頼が落ちるのもわかってて、自分なりになんとか続けようとしてたけど、頑張っても厳しかったから、最終的に辞めるっていう決断になってしまった。

それで、俺は現場の一人一人に辞めることを謝ったけど、俺に引継ぎをしてくれてた前任者の人はドン引きの表情やった。

これまでの引継ぎ作業なんだったんだみたいな、そんな顔やって、俺はすごく胸が痛かった。

社長に辞める相談をしに行った時最初言われてたのは、客先から本社に帰ってからどうするか決めろってこと。要は猶予をくれてたんやと思う。

客先から戻って、一週間くらい会社休んで考えてこいと。

ただ、自分の中で答えは決めてた。

俺は一週間後に辞めた。

退職後の半年はずっとニートをしてた。

その時くらいにＹｏｕＴｕｂｅで実写動画の投稿を始めた。今でいうサブチャンネル。その時はメインチャンネルやった。

ちょうどＹｏｕＴｕｂｅｒという言葉が流行りだした時やった。

これはなあ…勇気の切断だ！

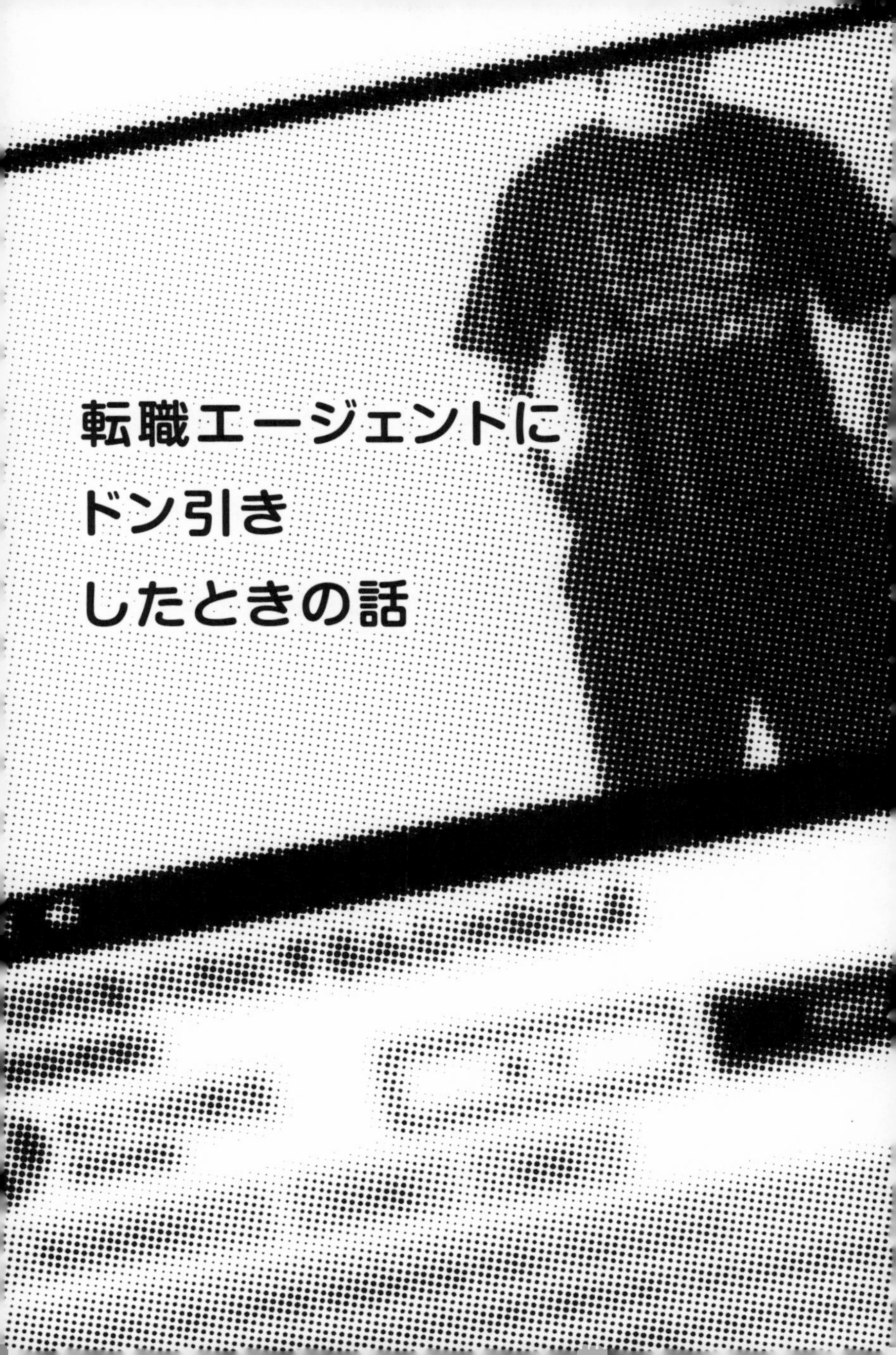

転職エージェントに
ドン引き
したときの話

その後、転職にはエージェントの人に協力をしてもらった。

担当の人にマンツーマンでついてもらって、初任給がめちゃくちゃいい会社の面接を受けることに。

動画配信のおかげか、俺は適当にホラを吹く面接がめちゃくちゃ得意やった。

おかげで面接も無事に通っていき、一次面接とかすごい人が多い印象やったのに、最終面接に残ってたのは俺だけやったらしい。

最終面談は社長じきじきやったけど、感触もかなりよく受かったと思った。

そしたら面接の後、先輩社員みたいな人と面談させてもらえてんけど、そこで衝撃的な話を聞いた。


「君は内定出ると思うけど、ぶっちゃけ言うとうち給料いいけど、ブラックだよ」


聞くところによるととにかく勤務時間が長いらしい。

実際、その面接自体が結構遅かった。

確か夜の九時とか十時とかの面接で、しかも社内にめっちゃ人もいた。

そこの会社はそれが当たり前で、週休二日も募集要項に書いてあるけど、ぶっちゃけ難しいらしかった。

さすがに俺も踏みとどまって、給料とか魅力的だったけど諦めようとして、そこに入社するのは辞めておこうと決めた。

でも、そうしたら転職エージェントの人にドン引きするくらい猛反対された。

「今の時代、第二新卒でそんな給料高いところに内定貰えるってないですよ！」

ってものすごい剣幕で怒られた。

自分の意見を全然尊重してくれてないやんってますます萎えちゃって、やっぱりその会社には入らなかった。

その後、エージェントをいろいろ変えたりして、一回ちょっとよさげな会社に内定も出た。

ただ、なんとその内定は取り消されてしまうことに……！

当時、動画やらであたかも俺は被害者面して酷い目にあったみたいなことを言ってたけど、正直あれは俺が悪かった。

俺は入社日に会社に行かなかったのだ。

俺は入社日を変更させてほしかったんやけど、メールでもなく、担当者への電話でもなく、全然関係ない電話窓口みたいな人に一方的に伝えただけやった。

そしたら、俺が入社日に勝手に来なかったということで内定を取り消されたのだ。

今やから言うけど、あれは自分が悪かったと思う。

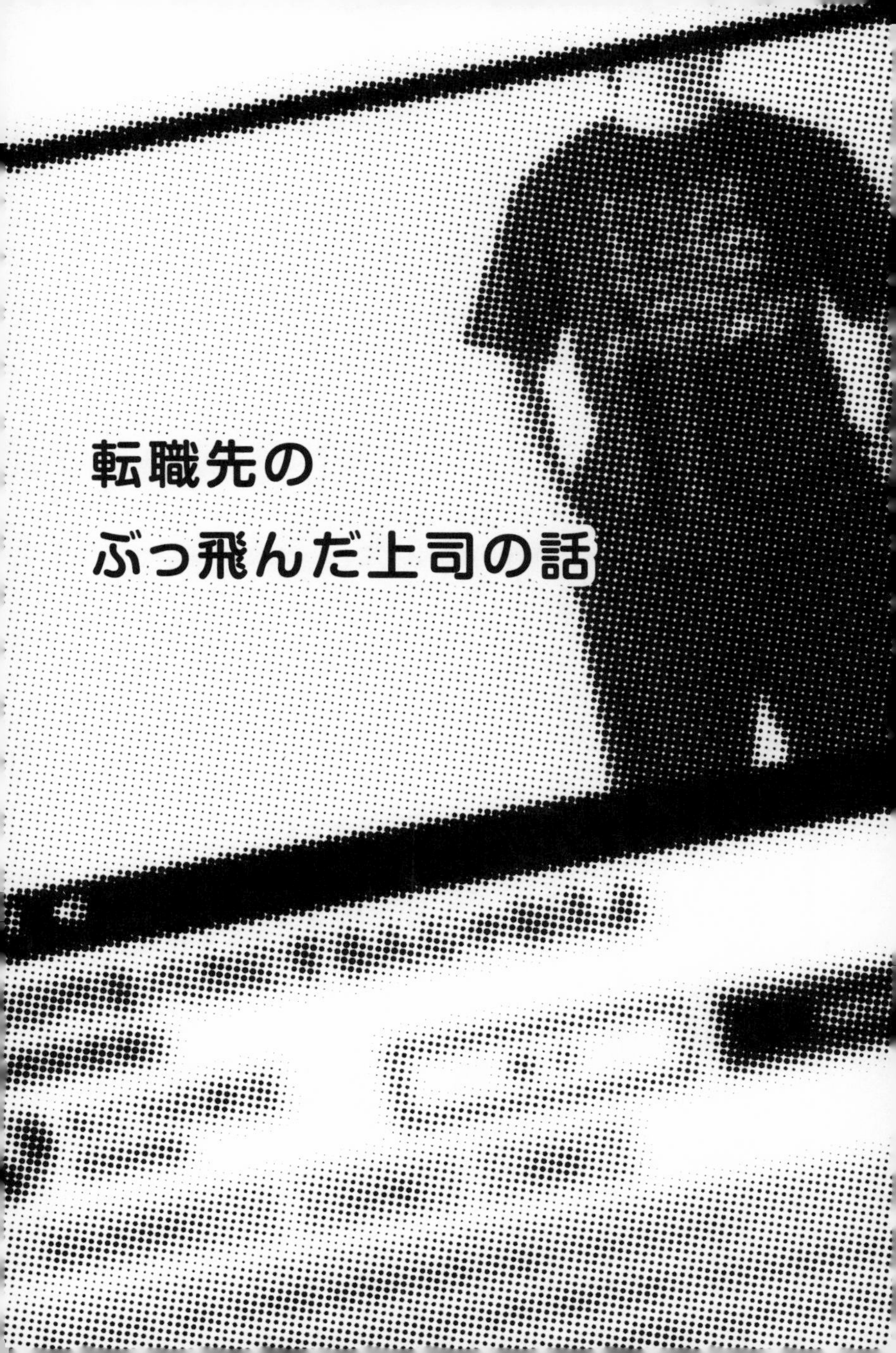

転職先のぶっ飛んだ上司の話

その後、いろいろあったけど、無事一社内定をもらいそこに転職することができた。

その会社の上司がとにかくぶっ飛んだ人やった。


当時俺には彼女がいて、俺の家に住み着いてたんやけど、その子が極限状態のメンヘラになってた。

それが嫌で、家帰ったら絶対喧嘩になるから、俺は家に帰らず、ホテルに一週間泊まったり、知り合いの家に泊めてもらったりしていた。（そもそも向こうもいつも怒ってて、俺が帰っても鍵を閉めて簡単には家に入れてくれなかった。俺の家やのに我が物顔で住みついてたんや。俺は彼女に自分の家に帰ってほしかったのに）

ただ、自分の家に帰らず毎日転々としている中で、荷物がどうしても多くなる。

俺が明らかに仕事に必要でないデカイリュックを持って出社してたら、その上司がなんかあると気づいてくれた。

多分、現場の先輩が上司に相談したんかなと思う。

それを聞いて、上司から俺にヒアリングをしてくれる機会があって、俺は正直に現状を話した。

そしたらなんとその上司の人がわざわざ俺の家に来てくれて、彼女を家に帰るよう説得してくれたのだ。

普通に言っても家から出てきてくれないので、その上司は水道局員のフリをして、彼女と接触し、正体を明かした後も扉越しに声をかけて、めちゃくちゃ時間をかけて説得をし続けてくれた。

結果、彼女は名古屋の実家に帰ってくれた。

この上司、後に俺がある決心をする背中を押してくれためちゃくちゃ感謝してる人なんやけど、その時点からその上司はいい意味で普通じゃないと思ってた。

ちなみにその子は名古屋に帰った後、もう一回家に来た。

「ちゃんとするから、お願いだから一緒に住んで」

そう言われて一緒に住んだけど、やっぱりだめで、ある日、殴り合いの喧嘩をした。

なんとかこいつを追い出したいと思った俺は、警察の人の力を借りようと考えた。というか、実際そうしな無理やろと思ってた。

だから俺は警察の人に、

「俺もこいつも命が危ないかもしれない！　だから来て下さい」

「どっちかが死ぬまで喧嘩が続くかもしれない！」

とちょっと大げさに言ったりなんかして、なんとか対応してもらおうとした。

警察の人は最初はまともに扱ってくれなかったけど、彼女があまりに大声を出して、発狂するので近隣の人にも迷惑やし、俺もちょっと彼女が激高するようなことを言ったりして、あえてことを大げさにしにいったおかげで、最終的に警察の人が来てくれた。

彼女は警察に一晩泊まって、その子おばあちゃんっ子やったんで、おばあちゃんが引き取りにきて帰っていった。

それがその子との最後やな。

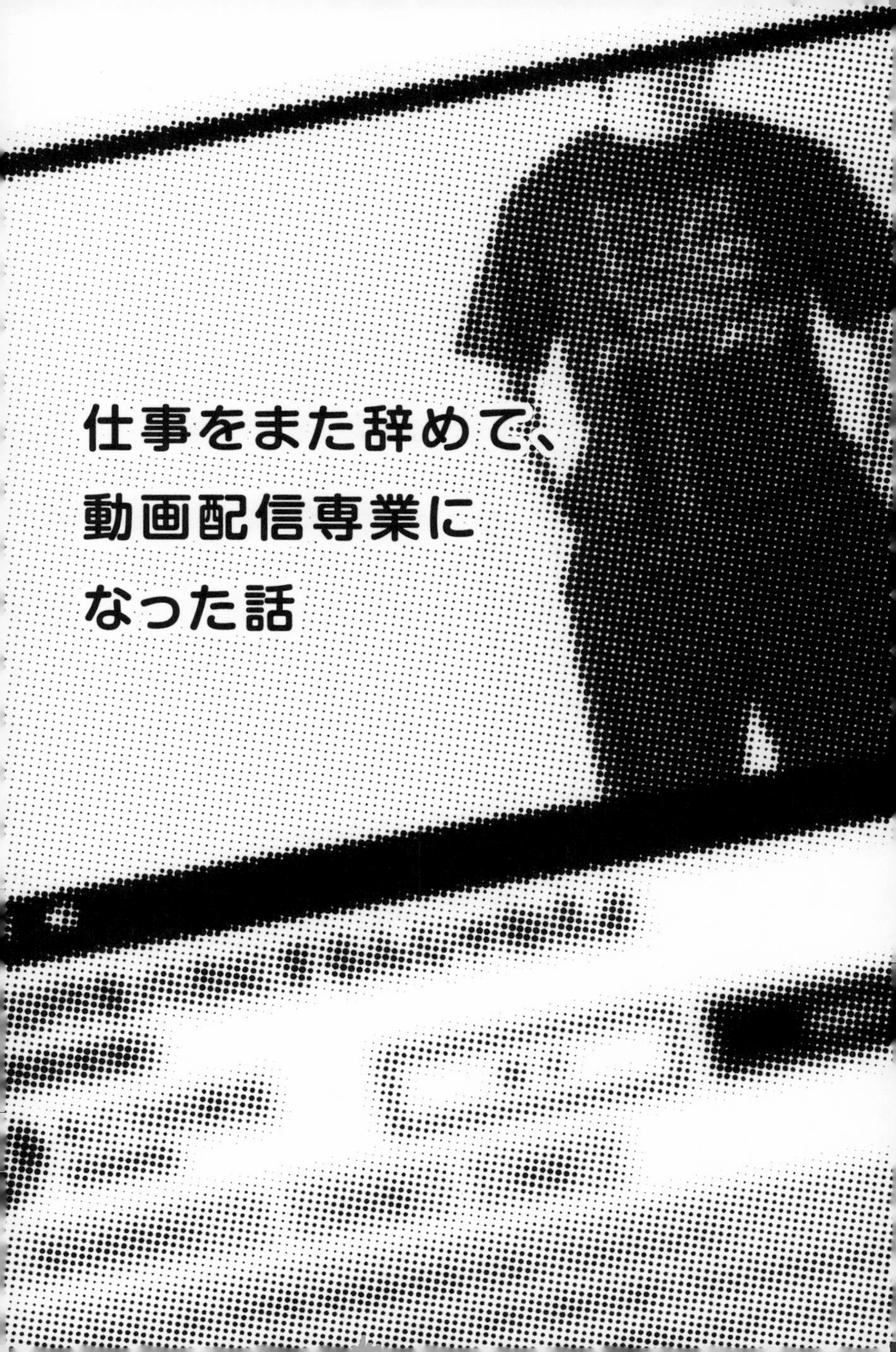

仕事をまた辞めて、動画配信専業になった話

そのぶっ飛んだ上司がいる新しい職場の本社から、お客さん先に常駐が決まった。(俺はその会社の一員なんやけど、その会社で働く訳ではなく、別の会社に派遣されるシステムエンジニアやった)

その常駐先がすごく良くて、皆年上の先輩で俺のこともかわいがってくれた。先輩たちにカバーしてもらいながら仕事も上手くやれてたと思う。

ただやっぱり俺はどこか仕事をなめてる部分があった。

常駐先での仕事が終わって本社に戻ってくると、その間会社にとって利益のない人間になるので普通は次の常駐先が見つかるまで勉強をする。

でも俺はそんなことをせずに、会社のパソコンから全然仕事には関係ない動画の編集をしたり、手元のスマホでゲームをしたり、サボりまくってた。

そしたら社長がいきなり席に来て、

「全部わかってんだぞ」ってキレられて、半泣きで帰った一週間以内くらいに次の常駐先が決まった。

そしてまた同じパターンや。

ここでも二個目の常駐先がまたレベルが高く、散々サボってた俺には難しそうで、案の定ついていけへんかった。

なんとかごまかしてやってたけど、苦しかった。


そんなある日、俺は上司にリアバレをしていることを告げられる。


その日は前日の夜三時くらいまで生配信をやってて眠かった。

あくびとかばっかりしていかにも眠そうにしてたら、その上司の人に、

「なんで眠いの？」って聞かれた俺は何食わぬ顔で、

「普通に寝不足っす」って言った。

そしたら上司が言った。


「昨日ネットでなんかやってたよね？」

そう、俺がもこうってリアバレしてた。

その上司にも俺がネットで何かやってたのはちょいちょい話してて、多分それで調べて、俺がもこうっていう名前で活動してることに気づいたんやと思う。
その時点でその上司的に仕事に対する姿勢があんまり良くないこと、極めつけに配信をやって眠そうに出社することを指摘され、選択を迫られた。

それは、
・ネット活動を頑張るなら、会社を辞める。
・仕事頑張るんだったらネット活動を辞める。
というものだった。

全く嫌味とか引き留めるとかはなく、俺の意志を尊重してくれた。
その時ネットである程度の収入を得られてた俺は、ずっとどっちつかずな状況やった。収入があるからこそ仕事も舐めてたし、でも仕事を辞める踏ん切りはなかなかつかんくて……、そんな状況やったけど、その上司のおかげでそこにピリオドを打つことができたのだ。

俺は、「ネット頑張ります」と答えた。

そして、もうその日のうちに退職。現場も辞めて会社も辞めた。

きっかけをくれた上司の人には今でも感謝してる。

ようやくけじめをつけることができた。

思い返すとわりとある程度ネットでの活動が上手くいっていたからこそ、そっちで最悪どうにかしたれという意識が根底にあった。

今でも反省しているのが、その会社での常駐先で、昼寝をするから起こしてくれと常駐先の社員さんに言ってたこと。

ネットが好きな気さくな人で仲がよかったから、そこで俺も調子にのっちゃったんやと思う。その時はなんとも思ってなかったんやけど、そこの現場の人が俺が辞める時に送別会もしてくれた時、「『昼寝するから起こしてくれ』って言われた時はさすがに怒った方がいいのかと思ったよ」と言われ、今まで我慢させてたこと、気を遣わせてしまっていたことに気づいて、よくなかったなって初めて反省した。

ちなみに昼寝はかなりがっつり寝てた。

昼寝をしないと午後以降、特に二時三時とか仕事になんなくなっちゃってて、寝るしかなかった。

最初は十五分くらいやったのが、三十分四十分と延び、いつの間にか一時間寝るようになってた。

あとは昼休み、本来ご飯を食べるはずの時間やのに俺は寝て、勤務時間中にトイレ休憩行く振りして飯買って席で食ってたら、現場にいた先輩にバレて怒られたりもした。

でもこうやって怒られてばっかりいると、怒られることに耐性がついちゃって、素直に謝れなくもなってきた。

「トイレ休憩が長い」とか言われて、

「タバコ休憩ないんやからいいじゃないすか」

とか反抗したり、素直に謝れないようになっていってた。


その状態にピリオドを打ってくれたのがその上司の人。

こうして俺は会社員の仕事を完全に辞め、社会との繋がりも切断し、ついにネット世界での活動に集中するようになったのだ。

おわりに
ではまた、ネットの世界で会いましょう。

最後まで読んでくださりありがとうございました。

途中、飛ばし飛ばしで読んでくださった方もありがとうございました。

こうやって本にすることで過去の出来事をたくさん思い出せたのは楽しかったです。

しかしながら、改めて自分はよくここまで生きてこれたなとも実感しました。

どう考えても社会不適合者やし、一般社会で生きていけるような人間ではないやんっていう……。

自分は今の収入の全てがネットの活動によるものです。

それとゲーム。
ネットとゲームなかったらきっと死んでます。

ほんとう、運がよかったんやと思ってます。
たまたま趣味で始めた活動で、たまたまそれがお金になるような時代の流れになって
たまたまその流れに乗れた。
だから、自分みたいな人間が自己啓発とか、ＹｏｕＴｕｂｅで稼ぐにはとか、そういったことを語る資格はないと思ったので今回こういった自伝エッセイという形の本になりました。

もちろん毎日何かしらの活動を（生配信だったり動画投稿だったり）続けてきたという継続力や、誰に何を言われようとそれを辞めなかった自分は誇らしいです。

それでもやっぱりこの時代に0から始めて、
今くらい見てもらえるような活動者になれるかと言われると
99%無理やと思います。

自分は活動始めた時「奇抜」とか「破天荒」「荒くれ者」みたいなキャラクターで注目を集めました。

ゲームで切断したりとか、暴言吐いたりとか……

当時はそんな奴ほとんどおらんかった。

まさしく先行者利益というか。

今周り見渡すとそういう芸風の奴はごまんといますし、おもろい奴も沢山います。

不登校で、友達も全員おらんくて、でもだからこそ今のネットの活動に繋がっている。


今の活動は、もうかれこれ十五年とかになりますが一向に飽きません。いまだに動画撮ったり生配信したりするのが心から楽しいです。

それはやっぱり見てくれる人がいて、応援してくれる人がいて、視聴者の方がいるからやりがいを感じられてるんだと思います。

最初はネットでゲームの動画を上げてただけの自分が
なんやゲームの声優やったりアニメやドラマ出させてもらったり
好きな野球チームの始球式に呼んでもらえたり
挙げ句の果てには調子こいて本なんか出してみたり……
もう、ほんまにいろいろな経験させてもらえて感謝しかないです。
ネットで見てくれてる視聴者の皆さん
周りの仲良くしてくれる活動者の皆さん
いろいろとお手伝いしてくれている皆さん
あと両親
そして何よりゲーム実況者としては、ゲームを作ってくれているメーカーの方々にも頭があがりません。

この文章を書いているうちに、今日の動画を投稿し終えました。
ではまた皆さん、ネットの世界で会いましょう。
ありがとうございました！

これは勇気の切断だ

2023年12月9日　初版第1刷発行

著　者
もこう

発行人
菊地修一

発行所
スターツ出版株式会社
〒104-0031
東京都中央区京橋1-3-1　八重洲口大栄ビル7F
出版マーケティンググループ　TEL　03-6202-0386
（注文に関するお問い合わせ）
URL　https://starts-pub.jp/

印刷所
株式会社 光邦

DTP
久保田祐子

編　集
齊藤 嵐

Printed in Japan

ISBN　978-4-8137-9292-5　C0095